Kulinarische Fisch-Symphonie

Bâle en Mars 1996

Ce livre est consacré,
à Monsieur Conradin von Planta
(7. 2. 46)

le photographe

Jacques A. Burkhardt

Kulinarische Fisch-Symphonie

*Fischrezepte aus dem Hotel Merian und dem Fischrestaurant «Café Spitz», Basel
sowie Geschichten rund um den Fisch*

Herausgeber:	Bodo Skrobucha
Rezepte:	Jacques Navarro, eidg. dipl. Küchenchef
unter Mitarbeit von:	Pitt Buchmüller, Walter Herrmann, Hanns U. Christen (-sten), Dr. Peter Gurdan, Rudi Boss, Rainer Falck und Robert Joss
Foodfotografie:	Jacques Burkhardt, Basel
Übrige SW/Farbfotografie:	Felix Hoffmann/Archiv Hotel Merian
Cartoons:	Edgar Muriset

© 1994
Bodo Skrobucha
Hotel Merian, Fischrestaurant «Café Spitz»

Gestaltung/Layout:	Artdesign 33/FoodCom AG, Basel
Fotos:	Jacques Burkhardt, Basel
	Felix Hoffmann, Basel
Textilien:	Sahco Hesslein/Grogg Interieur, Hägendorf/Olten
Hintergründe:	Dolf Bruderer, Wangen/Olten
Cartoons:	Edgar Muriset, Tenniken
Lithos:	Schwitter AG, Allschwil
Satz/Druck:	Morf + Co. AG, Basel
Buchbindung:	Grollimund AG, Reinach

ISBN-No. 3-9520774-0-2

Inhaltsverzeichnis

7	Dieses Buch ist gewidmet
8	Vorwort
10	Basel, der Rhein und der Fisch
12	Lieber Fisch – oder: die Liebe zum Fisch
15	Fachausdrücke aus der Profiküche
18	Das Zerlegen eines Süsswasserfisches
24	Die Grundzubereitungsarten der Fische
27	Die wichtigsten Grundfonds (Brühen) und Saucen
34	Tips und Erklärungen zum Rezeptteil
36	Eglifilets mit Sesam gebraten, Curcumsauce
38	Eglifilets mit Mango
40	Eglifilets mit Orangen
42	Eglifilets mit Äpfeln und Calvados
44	Felchenfilets im Gemüsemantel
46	Felchenfilets im Kartoffelmantel
48	Forelle mit Porto
50	Forelle mit Riesling
52	Forellen-Rosetten an zwei Saucen
53	Schaum von geräucherter Forelle
54	Bachforellenfilets mit Trüffelstreifen
56	Gemischte Fischplatte auf Sauerkraut
58	E.E. Zunft zu Fischern
65	Fisch-Pie
66	Fisch zum Abschied – Zander- und Saiblingsfilet in Petersiliensauce
68	Saisonsalat mit Fischstreifen
70	Fisch «Sweet and sour»
72	Fischfondue
74	Hausgemachte Fischravioli
75	Quiche mit Süsswasserfischen
76	Tagliatelle mit Fischstreifen und Safranrahmsauce
76	Fischlasagne
77	Fisch-Pot-au-feu
78	Gemischte Fische auf Couscous-Griess
78	Fischnavarin (Fischeintopf)
79	Basler Fischfriture
80	Matelotte nach Elsässer Art
81	Fischfilets mit Spargeln überbacken
82	Klare Basler Fischsuppe
84	Gebundene Basler Fischsuppe
84	Sauerkrautsuppe mit Zanderstreifen
86	Fritierte Hechtstreifen mit Salbei
87	Hecht- und Lachsforellenterrine
88	Roulade mit Lachsforelle
90	Karpfenstreifen an Rotweinsauce
91	Karpfenfilets in Bierteig
92	Lachsforelle mit Mousseline
94	Lachsforelle mit Gurken und Dillrahmsauce
96	Lachs Basler Art
98	Lachsfilet an Dillrahmsauce
100	Lachstatar an Yoghurtkräutersauce
102	Marinierter Lachs mit Dill und Senfkörnern
102	Lachscarpaccio
104	Lachs mit Linsen
106	Frühlingsrolle mit Fisch
107	Saiblingsfilets auf Fenchelbett
108	Fisch-Piccata
109	Saibling mit Steinpilzen

110	Saiblingsfilets mit Zimtbutter	180	Alles über und vom Karpfen
112	Schleienfilets mit Sesam paniert	183	Unsere Fischergalgen am Rhein
114	Schleie im Salzmantel	190	Das Fischkonzept im Restaurant Café Spitz
116	Crêpes mit geräuchertem Stör	204	Das Karfreitags Fischkochen
117	Welsfilet mit rosa Pfeffer	210	Ausgezeichnete Fischrestaurants
118	Wels mit Ingwer		
120	Welsfilets an Bier und Quarksauce		
120	Wels an Estragonrahmsauce		
122	Zanderfilets mit Kartoffelschuppen		
124	Zander auf Blattspinat überbacken		
124	Zander an Champagnerrahmsauce		
126	Zander mit Apfelwein, Lauch und kleinen Zwiebeln		
127	Zander al pesto		
128	Zanderfilets im Salatblatt		
130	Zander- und Lachstranche in Senfsauce		
130	Zanderschnitzel mit Meerrettich		
132	Zanderfilets an Karottensauce		
134	Warum Feinschmecker Fische lieben		
139	Worin sollen Fische schwimmen		
143	Das Fischereiwesen in Basel		
156	Fischkauf ist Vertrauenssache		
161	Salus nostra in piscibus – Die Gesundheit liegt im Fisch		
167	Was ist eigentlich die Tafelgesellschaft zum Goldenen Fisch?		
169	Der Fisch im Zeichen des Christentums		
171	Die Auslage eines neapolitanischen Fischhändlers		
172	Fische in der Küche – Anforderungen an die Hygiene		
176	Beurteilung des Frischezustandes		
178	Tafel einiger bekannter Süsswasserfische		

Dieses Buch ist gewidmet

Meiner Frau Ursula, die in vielen Jahren des gemeinsamen Wirkens an dieser Stätte auf sehr viel verzichten musste und doch am meisten zum bisherigen Erfolg beigetragen hat und beiträgt. Es ist wunderbar, mit solch einem Ehepartner zusammenarbeiten zu dürfen.

Ich danke Dir von ganzem Herzen für alles.

Der Stiftungskommission und der Geschäftsleitung der Christoph Merian Stiftung, die uns Vertrauen für unsere gesamte Aufgabe geschenkt hat, und die in entscheidendem Masse dazu beigetragen hat, dass unser Haus wieder seinen Stellenwert in Kleinbasel hat, der ihm zugedacht war: nämlich eine Stätte der Begegnung zu sein.

Unserem eidg. dipl. Küchenchef Jacques Navarro, der in den bisherigen 10 Jahren seiner Tätigkeit stets bewies, dass er sich den vielen neuen Anforderungen und Aufgaben mit Begeisterung und Einsatz und fachlichem Können stellte. Dieses Buch entstand nicht zuletzt auch aufgrund seiner Philosophie und positiven Einstellung gegenüber der Fischküche.

Herrn Peter H. Müller von der Firma Behoga, für seine Beraterfunktion, die er in einer intensiven Phase in den Jahren 1986–1990 ausgeübt hat. Deine Tips und Deine Erfahrung haben uns viel geholfen.

Es ist den vielen, vielen Gästen gewidmet, die mit ihrer Treue stets den Weg zu uns finden und die durch ihre Begeisterung an unserer Fischküche ebenfalls massgeblich an deren Erfolg teilhaben.

Mögen wir alle noch viele Jahre eine gute Partnerschaft pflegen können.

Ich bedanke mich ganz herzlich bei den nachstehenden Freunden und Firmen, die durch ihren Einsatz und ihre Beteiligung an der Gestaltung dieses Buches wesentlichen Anteil haben. Durch diese Spontanietät, durch Entgegenkommen und durch viel Kreativität haben wir gemeinsam dieses Ziel erreicht.

Dazu gehören:
Die Mitautoren, die begeistert mitgemacht haben:
Hanns U. Christen(-sten)
Pitt Buchmüller
Dr. Peter Gurdan
Walter Herrmann
Rudi Boss
Robert Joss
Rainer Falck

Die Fotografen, die alle Bilder perfekt in Szene gesetzt haben:
Felix Hoffmann
mit den Fotos einiger Gegenstände und Aussenbilder
Jacques Burkhardt
für die kreative Gestaltung der gesamten Food-Fotografie der Menus und Portraits.

*Der Karikaturist
Edgar Muriset*
mit seinen Cartoons, die er für dieses Buch entworfen hat.

Die äusserst spontane Unterstützung in Beratung, Gestaltung und Layout:
Die Artdesign 33/FoodCom Basel mit den Herren Alex Sprecher, René Bürgi und Christian Lüdin.

Unsere Druckerei, für die Arbeiten des Satzes und Druckes, verbunden mit dem Dank für die stets perfekte Zusammenarbeit:
Walter und Richard Morf sowie Gerry Heim von der Druckerei Morf & Co. AG, Basel
in memoriam Werner Morf

Die Firma Gastro 24 mit Frau A. Kornfeld, die uns freundlicherweise einen Teil des Ge-

Vorwort

schirrs für die Präsentation unserer Gerichte zur Verfügung gestellt hat.

und selbstverständlich alle unsere Mitarbeiterinnen und Mitarbeiter des Hotels Merian und Restaurants «Café Spitz», die seit Einführung des Fischkonzeptes ihren Teil mit dazu beigetragen haben, um unsere vielfältige und interessante Fischküche qualitativ nach bestem Wissen auch über Basel hinaus bekanntzumachen.

Auf seinem langen Weg von den Bergen Graubündens bis zu den Stränden an der holländischen Atlantikküste sehen wir den «Vater Rhein» wie er still und golden glitzernd Station in Basel macht, einerseits bedroht von dunklen schwarzen Gewitterwolken, die ich mit den Umweltproblemen gleichsetzen will, und die vor dem Wasser kaum halt machen. Andererseits der helle Streifen am Horizont, der Hoffnung auf eine Besserung verspricht und dann die Natur, die mit ihrem Spiel und mit ihrer Kraft das dunkle Wasser zum Glitzern und Funkeln bringt und zeigt: der Fluss – dr Bach, wie er in Basel liebevoll genannt wird – lebt. Das waren die Gedanken, die mir bei dieser Zufallsaufnahme auf dem Deck des «Baslerdyblis» in den Sinn gekommen sind.

Mag sein, dass dieses Bild im Unterbewusstsein mit zu dem Fischkonzept beigetragen hat, das heute bei uns gepflegt wird. Vielleicht hat es auch ein wenig bewirkt, dass dieses Buch Ihnen nicht nur schmackhafte Rezepte über Süsswasserfische präsentiert, sondern dass unsere Gedanken mit davon berührt werden. Ich habe mein Ziel so formuliert, dass ein Buch vor Ihnen liegen soll, das nicht nur der Dame des Hauses behilflich ist, um ihren Gästen die leichte Fischküche gepflegt zu präsentieren, sondern dass es auch Wissenswertes über andere Themen vermittelt, die mit dem Fluss, den Fischen, der Fischerei, der Verträglichkeit der Fische in der Volksgesundheit und mit der schönen gastronomischen Philosophie und der des Weins zu tun haben. Spontan haben sich 4 hervorragende Exponenten dieser Themen bereit erklärt, dieses Werk mit eigenen Kapiteln zu unterstützen. Ich meine, sie runden den dennoch dominierenden, kulinarischen Teil bestens ab und alle Kapitel werden hervorragend ergänzt durch humorvolle Cartoons von *Edgar Muriset,* die auf ihre Art wiederum zum Denken anregen.

Alles in allem, das Buch ist aus einer spontanen Idee heraus entstanden. Eine Idee, zu der sich einerseits noch Spass und Freude am Produkt Fisch gesellt hat und die andererseits vom Reiz geprägt wurde, einmal etwas Neues zu wagen. «Just do it – just do it for fun!» ... ich weiss, wir alle in dem Team hatten unseren Spass daran, Ihnen dieses etwas andere Fischkochbuch nun präsentieren zu können.

Wenn Sie ebenfalls Ihren Gefallen daran finden, ist unser Ziel eigentlich erreicht.

Bodo Skrobucha
Basel im November 1994

Basel, der Rhein und der Fisch

Wussten Sie wie eng wir in unserer Stadt mit diesem Thema verbunden sind? Gestatten Sie mir eine kleine Causerie über dieses Thema: Für uns Basler ist unsere Stadt nicht einfach Basel, nein, sie wird auch nach «600 Johr Grooss- und Glai-Basel zämme» noch immer fein säuberlich in Gross- und Kleinbasel getrennt. So verwundert es kaum, dass «Fischer» ebenfalls nicht gleich «Fischer» sind. Wir unterscheiden genau zwischen den Fischern mit «Vögeli-Vau» und denjenigen mit «Fischer EFF». Das Adressbuch meldet uns etwa 80 Bürger und Bürgerinnen mit dem «Vögeli-Vau» und weit über 500 mit dem «EFF» (weltweit sind's natürlich bei beiden Namen mit Basler Ursprung noch mehr). Es sei mit Verlaub vermerkt, dass ein Dr. U. Vischer unsere Stadt mitregiert. Unter den Zünften spielt die Fischerzunft natürlich eine wichtige Rolle, was man vom Namen her leider im Zunftrodel nicht behaupten kann, denn dort ist er nur 4mal vertreten.

Kompensiert wird dieses Manko dadurch, dass sich neben 3 Berufsfischern immerhin ca. 60 Hobbyfischer unter den Zunftbrüdern befinden. Auch Basel's höchster Fischer, nämlich der Fischereiaufseher, ist in «dr Fischere zimpftig» und gehört natürlich den Vorgesetzten an. Doch die Verbundenheit zwischen Basel und dem Fisch geht noch weiter. Wir haben entdeckt, dass Familiennamen wie Salm, Egli und Kretzer, Hecht, Döbele (vom Döbel/Alet), Bach, Waller und Schill, Laich, Aeschbach, Angel, Fisch, Fischbach, Fischbacher, Netzer, Röthele in Basel heimisch sind. Hätten Sie es gewusst, dass eigentlich der Schneider auch ein Süsswasserfisch ist (seine Seitenlinie ähnelt einer Steppnaht)?

Dann gesellen sich dazu eine ganze Reihe von Strassen, Plätzen und Wege wie der Salmenweg und das/der Eglisee (der/das aber scheinbar nichts mit Egli zu tun hat). Der Aeschenplatz, der Fischmarkt, ein Fischerweg, ein Forellenweg und der Hechtweg können nicht fehlen. Komplettiert wird diese Aufzählung mit dem Karpfenweg, dem Nasenweg, der Rheingasse und dem Rheinweg und «etwas landeinwärts» sind es ein Teichgässlein und der Weiherweg. Dazu gesellen sich dann noch die Galgenfischer, die im Grunde viel gemütlicher sind, als es der furchterregende Name aussagt.

Keine andere Stadt in der Schweiz, die an einem Fluss oder einem See angesiedelt ist, verfügt über ein derartiges Repertoire an Namen im Zusammenhang mit dem Fisch.

Dass etwas Anachronismus in Basel schon immer zu Hause war, das hat schon Rolf Hochhuth fasziniert, als er das Basler Bürgertum charakterisierte. Wen verwundert es daher, dass das Restaurant «Fischerstube» hauptsächlich wegen seines ausgezeichneten Uelibieres bekannt ist. Der leider nicht mehr bestehende «Pfauen» hingegen war für viele Jahre der Treff der Fischliebhaber, und seit Jahren ziert nun das Restaurant «Café Spitz» der Goldene Fisch der gleichnamigen Tafelgesellschaft. Es sei's erwähnt und respektiert; das legendäre «Nasen-Casino» beherrschte die gastronomische Fischszene schon viele Jahre vorher und wer kennt sie nicht, die Salmenbrauerei.

Schliesslich belebt noch eine Route du carpe die Szenerie, resp. die Sundgauer Landschaft. Die vielen Beizlein dort leben weitgehendst von den Gästen, die mit dem BS- oder BL-Nummernschild diese idyllischen Dörfer aufsuchen. Die Karpfen aus des Nachbars Weiher scheinen ebenso ihren Reiz zu haben, wie die Kirschen aus Nachbars Garten.

Lieber Fisch – oder: die Liebe zum Fisch

Und in diese – mit Fischtradition reichlich versehenen Szenerie gelangt nun ein Buch, das es in Basel in dieser Art noch nicht gegeben hat. Möge es den Mitautoren, den Mitgestaltern und mir gelungen sein, Sie, liebe Leser, in jeder Hinsicht für die Natur und deren Produkte – in unserem Fall den Fisch – angesprochen zu haben.

Voilà, es kann serviert werden.

Dass die Liebe durch den Magen geht, ist eine alte Binsenweisheit. Dass diese Liebe aber auch von irgendwoher kommen muss bevor sie durch diesen oder jenen Magen den Weg finden kann, ist eine Tatsache, die in unserer hektischen und zeitlosen Welt häufig übersehen wird. Da bei uns in Frankreich «l'amour» seit eh und je ein spezielles Kapitel im Leben gewidmet ist, lassen Sie mich ein paar Worte über die Liebe verlieren (pardon, verlieren ist immer ein wenig mit Schmerz verbunden), sagen wir es so, ich will etwas über die Liebe schwärmen – über die Liebe zum Fisch.

Tonnen von serienweise hergestelltem und mit Einheitsgeschmack versehenem Fastfood sind unübersehbare Zeugen, dass es oft mit der «Liebe-die-durch-den-Magen-geht» nicht mehr sehr weit her ist. Diese Liebe beginnt – ob dies privat die Dame des Hauses oder professionell der Koch in einer Hotel/Restaurantküche ist –, mit der kreativen Freude am Kochen, mit der Freude Gäste willkommen zu heissen und bestimmt mit ein wenig Dankbarkeit – sagen wir auch ein wenig Ehrfurcht – für die Produkte, die uns die Natur noch in reichem Masse zur Verfügung stellt.

Unsere Fische sind ein solches Produkt, das diese Liebe in vielerlei Hinsicht benötigt. Insbesondere die Fische, die in unseren Bächen, Flüssen und Seen leben, verdienen die Schonung der Gewässer vor Unrat und Chemikalien, die allzuoft achtlos dem Wasser übergeben werden. Zuchtfische verdienen es, trotz des ganzen Strebens nach Profit, nicht wie Ölsardinen in Bassins eingepfercht zu sein, wie dies zum Teil weltweit in Lachsfarmen geschieht. Auch mit der Ernährung wird viel Schindluderei getrieben, kann so ein Fisch doch mit allerlei Hilfsmitteln gemästet und ihm damit zu schnellerem Wachstum verholfen werden – was wiederum noch schnelleren Profit verspricht.

Die Liebe, die durch den Magen gehen soll, beginnt bereits beim Einkauf. Kaufen Sie Ihre Fische stets beim Spezialisten ein, sei dies der Fischer am See, das Spezialfischgeschäft (Comestible), ja es kann durchaus auch die renommierte Fischabteilung eines Grossverteilers oder eines Warenhauses sein. Nur eben, frisch muss der Fisch sein. Ähnlich wie die Erdbeeren und sogar schon die Kirschen, die Sie heute im tiefsten Winter einkaufen können, können Sie auch Süsswasserfische das ganze Jahr erhalten – man sollte sich bei einigen Arten auf die Saison beschränken, in denen keine Schonzeit besteht. Über diese Frage gibt Ihnen keine Tiefkühltruhe Auskunft, die kann Ihnen nur der Spezialist beantworten und Sie werden rasch merken, dass die zweite Liebe, die zum Produkt bereits mit diesem Gespräch beginnt. Die Liebe und Freude an Ihrem Fischgericht werden sich steigern, wenn Sie Ihren ganzen Fisch zu Hause auspacken und Sie die Frische spüren, die von dem Fisch ausgeht. Hat er klare glänzende Augen, sind die Schuppen ebenfalls glänzend und die Kiemen leuchten in einem kräftigem Rot, dann sind weitere eminent wichtige Voraussetzungen für ein perfektes Fischmahl garantiert. Was nun folgt, ist die persönliche Einstellung zum Kochen. Sie muss positiv sein, es darf kein «Muss» sein, um unseren Fisch zu einem Gericht zu machen, von dem Ihre Gäste schwärmen – Liebe kann nie ein Müssen sein, sie kann sich nur einstellen, auch beim Kochen. Die Liebe bedarf einer Schonung! Schonen Sie Ihren Fisch (oder auch die Filets), gönnen Sie ihm die Zubereitung, die er uns mit seinem zarten Fleisch, mit feinem Aroma dankt. Bevorzugt sind daher Grundzubereitungsarten wie dämpfen in der Folie (der Umwelt zuliebe keine Alu-, sondern Backfolie oder Pergament) oder in wenig Flüssigkeit pochieren. Barbarisch ist der Begriff des «gekochten Fisches», damit wird selbst der kleinste Hauch einer Liebe getötet. Trocken, spröde und geschmacklos wird Ihr Fisch sich vor Ihnen präsentieren.

Die Liebe ist immer ein wenig individuell, mal ist sie zart und sanft wie bei den erwähnten Zubereitungsarten, mal ist sie stürmisch, hitzig und fordernd, so schätzen auch unsere Fischgerichte ab und zu und je nach Typ ein wenig eine andere Liebe, die backen, braten oder pochieren in viel Sud (Flüssigkeit) heisst. Die robusten Hechttranchen und halbe Karpfen oder auch Streifen derselben Fische lieben zum Beispiel die knusprige und hitzige Liebe des Backens, der sich auch das zarte Eglifilet nicht abhold zeigt. Dabei kommt es aber auf das Gefühl der Temperatur an, denn allzuviel davon verbrennt die Liebe und macht sie hart und unnahbar. Sehr viele (nahezu alle) Fische, ob ganz oder Filet, lassen sich gerne damit verwöhnen, dass man sie ein wenig mit der goldbraunen Farbe des Bratens umgibt, einer Art von Liebe, die allerdings bei den Filets nur hitzig und kurz sein kann, während ein ganzer Fisch dies anfänglich intensiv wünscht, um nachher wiederum schonend und bei mässigen Temperaturen behandelt zu werden. Sehr frische Fische, die gerade erst aus dem Bassin gefangen wurden, Fische, die noch mit einer sie schützenden Schleimhaut umgeben sind, wie die Forelle, die Schleie, der Karpfen, sie haben die Liebe mitunter gerne «farbig», indem man sie in viel Sud (siehe Rezepte) garen lässt. Das fertige Gericht dankt es uns, indem es sich uns in einem zarten Blauton präsentiert und die Frische des Fisches zeigt sich, indem es meistens sehr schwierig ist, diesen Fisch so zu präsentieren, dass die Filets nach dem Entgräten zusammenbleiben. Ein im Sud pochierter frischer Fisch wird immer «zerreissen». In den Restaurants in unseren Breitengraden kommt dann die Liebe des Servicefachmannes hinzu, der – ist er geübt und ein Kenner seiner Materie – Ihnen diesen Fisch so schnell essfertig auf den Teller bringt, dass die Filets noch gut heiss sind. (Achten auch Sie privat darauf, dass man die Delikatesse – die «Bäggli» – im Kopf des Fisches zwischen den Augen und den Kiemen nicht vergisst.) Dass diese Zubereitungsart – liebevoll dargeboten – für den Menschen hilfreich sein kann, beweist, dass sie häufig bei Magenschmerzen und Diäten verwendet wird, ohne sich als Krankenkost degradiert vorzukommen, denn auch bei zuvielen Pfunden oder generell als leichte Mahlzeit ist sie stets willkommen.

Sie werden bei dieser Zubereitungsart sehr unmissverständlich feststellen können, wie rasch die Liebe vergeht (vergehen kann). Kochen Sie um Himmels willen Ihren Fisch nicht. Er darf in den kochenden Sud gegeben werden, aber dann darf er nur ziehen. Die Garzeit richtet sich nach der Grösse. Bei einer Forelle sind die Augen, die als kleine weisse Kugeln hervortreten, ein konkreter Hinweis, dass der Fisch gar ist. Eine tiefgefrorene Forelle wird, wird sie nach dem Auftauen im Sud pochiert, im wahrsten Sinne des Wortes steif, tot, grau und unappetitlich und unansehnlich in der Flüssigkeit liegen. Ein lieb- und ehrloser Scharlatan, der Ihnen in der «Baiz» so ein Gericht als «Frische Forelle blau» anbietet.

Noch ein paar Tips, wie Sie die Liebe zum Fisch vollkommen machen können, denn allzu häufig meidet man diese Liebe, weil die ganze Wohnung, die Hände, die Kleidung nach Fisch schmecken. Primär auch hier der oberste Grundsatz: Frischer Fisch schmeckt nicht intensiv. Haben Sie dennoch das Gefühl, so reiben Sie nach Beendigung der Arbeit Ihre Hände mit Salz und Zitronensaft ein, auch Kaffeesatz ist ein probates Hilfsmittel um allfälligen Fischgeschmack zu absorbieren.

Hat Ihre Küche ein Fenster – was beim modernen Wohnungsbau oft als liebloses Detail übergangen wird – ist dies natürlich beim Kochen offen. Sonst hilft der Trick, dass Sie nach der Zubereitung der Mahlzeit in einer kleinen Kasserolle etwas Caramel kochen. (Den Zucker gold- bis mittelbraun zerlaufen lassen und mit etwas Wasser abseits des Feuers auffüllen. Achtung vor Spritzern!) Das war mein kleiner Einstieg in «l'amour pour le poisson» – die Liebe zum Fisch.

Liebe ist lebendig, so kann sie nur vom Miteinanderreden leben. Reden Sie mit dem Fischhändler, dem Spezialisten im Geschäft oder auch dem Fischkoch. Ich stehe Ihnen gerne mit Rat zur Seite. Wir Franzosen, l'amour beim Essen, l'amour beim Wein und generell l'amour ... wir gehören zusammen.

Viel Spass bei der Lektüre unseres Buches rund um den Fisch, viel Spass und Liebe beim Zubereiten der Fischgerichte wünscht Ihnen

Jacques Navarro
eidg. dipl. Küchenchef
Hotel Merian
Fischrestaurant «Café Spitz»

Die Liebe zum Fisch

Fachausdrücke aus der Profiküche

Die Sprache in der Küche ist mit vielerlei Fachausdrücken, (volkstümlich: Fachchinesisch) «gewürzt», Ausdrücke die ein «Gastroprofi» beherrschen sollte, wenn er sich auf diesem Gebiet bewegt. Redet er dann allerdings im privaten Umfeld über seinen Job, fällt es ihm mitunter schwer, seine Fachwörter in die normale Umgangssprache zu übersetzen und sein Gegenüber versteht in diesem Fall nur ... chinesisch.

Trotz aller Anstrengungen: wir sind nahezu überzeugt, dass auch Sie in unseren Rezepten über ein Wort «stolpern», das Sie in einem anderen Zusammenhang – oder gar nicht – kennen. Zum Beispiel den Begriff «montieren». Wer denkt da nicht an den Monteur, der technisch irgend etwas zusammenmontiert. In der Gastronomie heisst «montieren»....... (???) doch vergleichen Sie selbst.

Ablöschen
Sie haben etwas in einer Pfanne angebraten, entfernen das Kochgut nun und geben in den Bratsatz eine Flüssigkeit.

Aufmontieren
Sie verfeinern eine Sauce mit Butter, die rasch und in kleinen Stücken in die Sauce gerührt wird. Sie darf anschliessend nicht mehr kochen. Auch eine Holländische Sauce, die geronnen ist, kann wieder mit etwas Wasser oder Wein aufmontiert werden.

Brunoise
Fast nur in Millimetergrösse geschnittene Würfelchen von Gemüse oder Fleisch in Saucen oder Suppen.

Blitz/Cutter
Eine Küchenmaschine, die zur Herstellung von sehr feinen Farcen benötigt wird.

Demiglace
Eine gebundene Bratensauce, die in den alten Zeiten der Kochkunst (Escoffier) noch durch Reduktion einer Bratensauce erzielt wurde (etwa die Hälfte der ursprünglichen Menge). Platz-, Energie-, Zeit- und personelle Gründe haben dieses Verfahren heute vereinfacht. Für den Privathaushalt bieten sich z.T. ausgezeichnete Fertigprodukte an.

Farce
Eine Füllung, die aus Fisch, Fleisch, oder Weissbrot bestehen kann und mit der eines der genannten Gerichte gefüllt wird. Eine Farce kann, muss aber nicht sehr fein sein.

Fond
Dem Fischfond begegnen Sie in unseren Rezepten allenthalben. Die Herstellung ist im Buch rezeptiert. Ein Fond ist eine Grundsubstanz, aus der Suppen und Saucen hergestellt werden.

Fumet
Auch im Rezeptverzeichnis angegeben. Eine konzentrierte Brühe/Fond wird als Fumet bezeichnet. So werden nochmals Gräten (z.B.) im Fett gedünstet und dann mit einem Fond aufgefüllt.

Gratinieren
Mit Käse oder mit Weissbrot wird gratiniert. Aber auch Saucen können gratiniert werden, indem man ihnen geschlagenen Rahm und Holländische Sauce zufügt.

Holländische Sauce
Die typischste aller Buttersaucen. Eine Reduktion wird mit Eigelb und geklärter Butter zu einer – nicht gerade kalorienarmen – Sauce aufgeschlagen. Sie ist nicht zu verwechseln mit der aufgeschlagenen Butter.

Julienne
Wie die Brunoise werden auch Julienne als Einlage für Suppen und Saucen oder als Garnitur verwendet. Man versteht darunter ca. 3–4 cm lange und 1–2 mm breite Streifen von Gemüse, Schinken, gekochtem Fleisch.

Karkasse
Wird meistens als anderes Wort für Schalen von Krustentieren verwendet.

Kasserolle
Als Kasserolle bezeichnet man einen stabilen Topf, der einige Liter Kochgut/Flüssigkeit aufnimmt. Meistens mit 2 Griffen, es gibt aber auch die Stielkasserolle, die einen Griff und (je nach Grösse) einen Stiel von ca. 25–35 cm aufweist.

Lyoner Pfanne
So bezeichnet man die normalen schwarzen Bratpfannen.

Marinade/marinieren
Fisch (und Fleisch) wird mariniert, um eine Geschmacksrichtung einwirken zu lassen oder z.B. beim Fleisch das Kochgut mürber zu machen (Schmorbraten, Sauerbraten). Beim Fisch wird der Gravlax mariniert. Öl, Wein aber auch Salz und Gewürze sind typische Basen für eine Marinade.

Matignon (für Fisch)
Ist eine feinblättrige Schnittart von Gemüsen, die man häufig für Fischgerichte verwendet.

Mousseline
Eine äusserst feine Farce, die im Blitz/Cutter ein- bis zweimal püriert und zu gleichen Teilen mit Rahm vermischt wird. Zum Gelingen muss sie sehr vorsichtig und vor allem sehr kühl verarbeitet werden.

Nappieren
Man übergiesst ein Kochgut mit einer Sauce, so dass es bedeckt ist. Eine Tranche/Scheibe eines Bratens (Roastbeef, Zimmerli) sollte hingegen mit der Sauce unterlegt werden, damit man die Frische und die Eigenheit des Bratens erkennt (beim Roastbeef die schöne Färbung der Bratbegriffe «saignant oder à point»).

Reduktion/reduzieren
Eine Flüssigkeit um eine gewünschte Menge ($\frac{1}{3}$, $\frac{1}{2}$, $\frac{2}{3}$) reduzieren, d.h. langsam einkochen lassen um einen Geschmack zu intensivieren (Weisswein, Schalottenreduktion) oder eine Bratensauce kräftiger zu machen. Siehe Demiglace.

Salamander
Ein Küchengerät, das nur Oberhitze in sehr starker Form abgibt. Den Namen hat es durch die schlangenförmige Anordnung der Heizstrahler erhalten. Am besten geeignet zum Gratinieren oder Warmhalten von Speisen (bei tiefer Heizstufe).

Sauteuse
Ein kleines Kochgeschirr mit Stiel, das zum Zubereiten von kleinen Portionen geeignet ist, oder zum Sautieren von Fisch oder Fleisch, insbesonders dann, wenn aus dem Bratensatz durch Ablöschen gleichzeitig eine Sauce hergestellt werden soll.

Sautieren
Mit Butter oder Öl in einer Sauteuse Fisch oder Fleisch anbraten (auch das Braten in einer Lyoner Pfanne wird als Sautieren bezeichnet).

Schalotten
Sehr kleine Zwiebeln, die durch eine gewisse Milde auffallen und daher gut geeignet für Gäste sind, die durch die herkömmlichen Zwiebeln Beschwerden oder Blähungen bekommen.

Timbale
Ein kleines Förmchen aus Ton, Metall oder Glas etwa 4–5 cm hoch und teils konisch zulaufend (am Boden kleiner als an der Öffnung). Für Portionenterrinen oder Flan. Bekanntester «Einsatz»: Creme caramel.

Tomatenconcassé
Wir haben diesen Ausdruck weitgehendst mit Tomatenwürfel umschrieben. Im Prinzip ist Tomatenconcassé eine Garnitur aus geschälten, entkernten Tomaten, die in Würfelchen geschnitten werden. Ableitungen sind insofern möglich: Entweder werden die Würfelchen natur verwendet, sie werden mit Schalotten angezogen, etwas Knoblauch, Gewürze und Kräuter beigefügt und aufgekocht oder – im etwas gröberen Stil: die geschälten Tomaten werden mit dem Messer grob gehackt und dann wie oben fertiggestellt (z.B. bei Pizzen) oder als obere Schicht von grösseren gratinierten Gerichten.

Velouté de poisson
Siehe unsere Rezeptangaben. Eine Velouté ist eine weisse Grundsauce von Fisch aber auch von Geflügel oder Kalbfleisch.

Der Fischer.

**Ich fach gute Fisch ohn mangel,
Mit der Setz/Reussen und dem Angl/
Grundel/Sengel/Erlen und Kressn/
Forhen/Esch/Ruppen/Hecht und Pressn/
Barben/Karpffen/ thu ich behaltn/
Orphen/Neunaugen/Ehl und Altn/
Kugelhaupt/Nasen/Hausn und Huchn/
Krebs mag man auch bey mir suchen.**

Das Zerlegen eines Süsswasserfisches

Frischen Fisch zu essen, wäre für viele Menschen im Prinzip eine Freude, wenn nicht ... ja, wenn da nicht die scheinbar unlösbare Aufgabe wäre, wie man das Tier bearbeitet, um am Schluss das schöne Filetfleisch «pfannenfertig» vor sich liegen zu haben. Wenn der Ehemann Hobby- oder Galgenfischer ist und der Junior den Kochberuf gewählt hat, kann sich die Dame des Hauses noch glücklich schätzen, aber 100%iger Verlass ist auf die Herren auch nicht immer. Der eine beharrt gewöhnlich auf seinen Job als «Jäger», der das Zerteilen der Beute der Frau überlässt, und dem anderen geht es häufig gegen den Strich, jetzt zu Hause auch noch kochen zu müssen.

Zerlegen Sie doch Ihren Fisch selbst. Es ist – hat man den Trick mit dem «wie» einmal heraus – gar nicht so schwer, und wenn man ein wenig Vorsicht vor einem scharfen Messer mitbringt und zuletzt auf ein paar Kleinigkeiten achtet, kann eigentlich nicht viel schief gehen. Wir helfen Ihnen gerne dabei und zeigen Ihnen anhand der folgenden Fotoserie die einzelnen Schritte und geben Ihnen die Erklärungen dazu.

Unsere Süsswasserfische gehören zur Familie der Rundfische. Rundfische schwimmen mit der Bauchseite nach unten und tragen ihr Fleisch rechts und links am Körper. Im Gegensatz dazu stehen die Plattfische, deren Innereien seitwärts liegen, sie weisen wie z.B. die Seezunge, 4 Filets auf und sie kommen ausschliesslich im Meer vor. Das Vorgehen beim Zerlegen geschieht etwas anders als bei den Rundfischen.

Material: Ihr Werkzeug besteht am zweckmässigsten aus einer Küchenschere und einem schmalen, scharfen aber nicht allzu steifen Küchenmesser. Dazu eine Pincette, mit der man die Gräten entfernen kann.

Liegt vor Ihnen ein schuppenreicher Fisch wie der Hecht, der Zander oder einer unserer Weissfische aus dem Rhein, benötigen Sie noch ein kleineres Messer zum Schuppen. In Spezialgeschäften gibt es auch spezielle Geräte zum Schuppen.

Schuppen: Ein Fisch wird am besten unter fliessendem Wasser vom Schwanz gegen den Kopf zu geschuppt, also gegen die Anordnung der Schuppen. Arbeiten Sie mit dem Messer, halten Sie es nicht zu flach, sonst besteht die Gefahr, dass Sie ausrutschen und dann das Filet tief einschneiden. Ähnlich wie beim Spargelschälen schuppt man den Fisch rund herum. Machen Sie eine Probe, indem Sie mit der Hand über den Fisch streichen, es ist leicht festzustellen, ob Sie alle Schuppen entfernt haben.

Unser Fisch: Es handelt sich hier um eine Lachsforelle, bei der die Arbeit des Schuppens entfällt. Für diese Aufnahmen hat sie sich wegen der Grösse sehr gut geeignet.

Technik zum Fisch

Gehen wir nun schrittweise vor:

1.
Stechen Sie im Darmausgang des Fisches leicht mit der Spitze Ihres Messers in das Fleisch, bis zu einer Tiefe von etwa einem halben Zentimeter. Sie können bereits schon zu diesem Zeitpunkt auch alle Schwimm- und (falls vorhanden) Fettflossen des Fisches samt den Knorpeln abschneiden. Dies vereinfacht später das Wegtrennen der Gräten und der Haut. Die Flossen verwenden wir dann ebenfalls für die Zubereitung eines Fischfonds.

2.
Ziehen Sie nun den Schnitt bis zum Kopf durch aber achten Sie schon hier peinlich genau darauf, dass Sie die Innereien nicht verletzen. Dies gilt insbesondere für die Galle. Wird sie verletzt, können Sie im Prinzip den Fisch als ungeniessbar betrachten. Das Fleisch wird bitter.

3.
Mit den Fingern gehen Sie nun in den Körper und trennen den Darm und die Innereien vorsichtig vom Rücken und ziehen sie in Richtung Kopf aus dem Körper. Bei einer kleinen Forelle genügt ein kräftiges Ziehen am Schlund und Sie können die Innereien komplett vom Fischkörper wegziehen. Bei einer Lachsforelle empfiehlt sich diese Arbeit mit einer Schere zu erledigen, indem Sie den Bauch sehr weit öffnen und vom Rückgrat her den Schnitt vollziehen.

Nun waschen Sie die Bauchhöhle unter fliessendem Wasser sehr gut aus und ziehen Darm oder Reste der Innereien vom Körper weg. Dort wo sich das Rückgrat befindet, werden Sie unter einer dünnen Haut sehr viel Blut entdecken. Entweder mit dem Fingernagel oder der stumpfen Spitze der Schere kratzen Sie diese Haut auf und waschen das Blut ebenfalls gut aus. Zum Schluss kontrollieren Sie, ob der Darmausgang komplett verschwunden ist. Die Innereien kann man nun wegwerfen, wobei bei fangfrischen Felchen z.B. die Leber bei den Fischern als Delikatesse ganz hoch im Kurs steht.

Dieser gut gewaschene Fisch wäre nun im Prinzip bereit, um gewürzt und mehliert als ganzer Fisch im Ofen gebraten zu werden. Dazu schneiden Sie dann die Haut seitlich mit drei oder vier Schnitten etwas ein, damit wird das Eindringen der Gewürze erleichtert.

4.
Nun, *wir* wollen die Filets! Mit dem Messer schneiden Sie nun direkt hinter den Kiemen mit einem schrägen Schnitt durch das Filet. Achten Sie darauf, dass wenn Sie die Knorpel des Rückgrates spüren, Sie mit dem Schnitt aufhören. Beim Filieren dient der Kopf als gute Haltemöglichkeit um diese Arbeit möglichst perfekt zu erledigen.

5.
Kippen Sie nun das Messer – durch Hin- und Herschaben – ein wenig so, dass es flach auf dem Rückgrat zu liegen kommt.

6.
Mit etwas seitlichem Druck schneiden Sie nun den Körper in Richtung Schwanz auf. Ist man im Filetieren geübt, kann man das Filet bereits schon jetzt von den Bauchgräten trennen. Mit der messerfreien Hand und einem Tuch können Sie den Fisch nun bequem am Kopf halten und haben damit einen ausgezeichneten Gegendruck auf die messerführende Hand.

7.
Beim Schwanz angelangt, genügt nun noch ein kurzer, kräftiger Schnitt. (Die freie Hand oder ein neugieriger Zuschauer hat nichts vor dem Messer zu suchen: Es besteht Unfallgefahr, wenn das Messer nach einem Hängenbleiben mit Druck weitergeführt wird. Ebenso gefährlich ist es, wenn Sie den Fisch und das Messer auf sich selbst richten.)

8.
Nun liegt vor Ihnen bereits das 1. Filet. Drehen Sie nun den Fisch auf die andere Seite und trennen – analog der obigen Beschreibung – auch das 2. Filet von den «Gräten». Achten Sie aber weiterhin darauf, dass Sie immer den Widerstand des Rückgrates spüren, so können Sie sicher sein, dass nicht zuviel Fleisch vergeudet wird.

9.
Nehmen Sie nun Ihr Messer (das zwischendurch auch mal gewaschen werden muss) und setzen zuoberst bei den Bauchgräten mit einer ganz flachen Messerhaltung zum vorsichtigen Schnitt an, sofern die Gräten nicht am Fischrumpf geblieben sind. Drücken Sie beim Schnitt ganz leicht nach oben, dass Sie auch hier den Kontakt zur Gräte nicht verlieren, es wäre schade um das Filet.

10.
An der Bauchöffnung angelangt, kippen Sie das Messer nach unten und trennen die Gräten vom Filet. Mit einer streichenden Handbewegung fahren Sie nun vom Kopf her über das Filet und Sie werden verschiedene Gräten spüren, die im Rückenteil des Fischfilets stecken. Diese können Sie nun mit einer Pinzette oder einer kleinen Zange entfernen.

11.
Wir parieren nun noch den Rückenteil von der Fettschicht und den Wurzeln der Rückenflossen. Trennen Sie den Fettstreifen entlang des ganzen Filets gut ab. Oftmals sorgt gerade er für einen gewissen tranigen Beigeschmack.

12.
Benötigen – oder wünschen Sie – Ihr Filet mit Haut zur Weiterbearbeitung so wäre hier die nächste Gelegenheit mit der Arbeit aufzuhören und sich, eigentlich gar nicht so abgekämpft, eine kleine Pause zu gönnen. Aber wir wollen ...

13.
... *wir* wollen das Filet ohne Haut und schreiten weiter zur Tat. Jetzt beginnen wir mit der Arbeit am Schwanzteil des Fisches und schneiden ganz flach in das Filet, bis wir – durch nach oben Kippen des Messers – die silbrige Fischhaut sehen.

14.
Das Messer ganz flach haltend, ziehen Sie es nun langsam dieser silbrigen Haut entlang und achten aber darauf, dass keine Hautfetzen auf dem Filet hängen bleiben, die sind kaum mehr zu lösen.

15.
Diese Arbeit braucht – zugegebenermassen – ein wenig Übung und wird vielleicht nicht von Anfang an gelingen. Aber Sie kennen den ja von der Übung, die den Meister, die Meisterin macht.
Nun liegen also die beiden Filets vor Ihnen, so wie sie Herr Navarro mit uns für diese Aufnahme vorbereitet hat.

  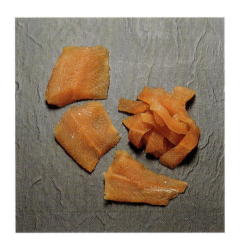

16.
Wir wollen nun unseren Fisch auch ein wenig wirtschaftlich und mit Respekt behandeln. Nehmen Sie nun einen Dessertlöffel und schaben Sie vom Kopf her das Fleisch von den Gräten. Dies kann für sofort benötigte Farcen verwendet werden. Ein Sammeln von so kleinen Fischrestchen und das Tiefkühlen ist nicht empfehlenswert, da einerseits ein traniger Geschmack entsteht und beim Auftauen von so kleinen Stückchen die Gefahr des Verderbens und den damit verbundenen Vergiftungen doch recht gross ist.

17.
Jetzt liegt die Lachsforelle komplett zerteilt vor Ihnen. Die Innereien links oben können Sie wegwerfen, den Fischkopf, die Bauchgräten und den Rumpf heben wir auf, um unseren Fischfond herzustellen. Die beiden Filets, das «Herzstück» unseres Fisches, warten noch auf die Verarbeitung bis zum fertigen Gericht. Auch die Haut kann man dem Abfall übergeben und das kleine Häufchen an abgeschabtem Fleisch (ca. 50 g) heben wir für eine allfällige Farce zur Weiterverarbeitung auf, oder wir geben es unserem Fischfond bei, der dadurch noch ein wenig kräftiger wird.

18.
Auf den 3 letzten Bildern sehen Sie nun, wie die Lachsforelle in Streifen geschnitten wird und wie wir das Messer ansetzen, um aus einem Filet schöne Portionenstücke zu schneiden.

Sie sehen, im Grunde ist alles halb so schwer wie es aussieht. Übrigens, wir zeigen es Ihnen gerne auch in unserer Fischküche.

Die Grundzubereitungsarten der Fische

Im Prinzip können alle herkömmlichen Garverfahren, die nachstehend im einzelnen aufgeführt sind, für die Zubereitung der Fische verwendet werden. Es ist jedoch zu unterscheiden, welche Fische zur Verarbeitung kommen und welches Garverfahren bevorzugt wird.

1. Pochieren

Bei diesem Garverfahren wird verhältnismässig wenig Flüssigkeit (Fischfond oder Weisswein) benötigt:
Die mit Flüssigkeit bedeckten Fischfilets werden bei mässiger Hitzezufuhr und – sehr wichtig – ohne zu kochen gegart. Zur Geschmacksverbesserung kann dem Fischfond noch trockener Weisswein hinzugefügt werden. Es ist zu beachten, dass die Filets noch mit einer Folie zugedeckt werden, dies verhindert ein zu rasches Verdampfen der Flüssigkeit und behält die Temperatur während des Garprozesses.

2. Sieden

Wir vermeiden es bewusst, den Begriff Kochen zu verwenden, denn Kochen ist für den Fisch bekanntlich «barbarisch». Den Fisch sieden heisst, ihn in eine kochende Flüssigkeit geben und am Rande der Herdplatte zugedeckt ziehen lassen. Im Ausnahmefall kann man den Fisch evtl. einmal aufkochen lassen, man sollte es aber speziell bei den Süsswasserfischen tunlichst vermeiden.
Zum Sieden wird entweder mit Gewürzen, Essig und Gemüsen versehenes leichtes Salzwasser oder eine Fischbrühe (Fumet) verwendet. Ganze und lebendfrisch geschlachtete Fische erhalten durch das Sieden die unverwechselbare pastellartige blaue «Farbe» der Schleimhaut. Gefrorene Fische werden durch das Sieden nahezu alle grau, wobei auch der Trick mit dem Übergiessen von heissem Essig vor dem Sieden wenig bis überhaupt nichts bringt.

3. Dünsten

Die zum Dünsten vorbereiteten Fische oder Fischfilets werden in gefettete Geschirre, die mit fein gehackten Zwiebeln oder Schalotten bestreut sind, gelegt, gewürzt und mit wenig Fischfond, Zitronensaft, Wein oder Champagner gegart, wobei auch hier ein starkes Kochen vermieden werden soll. Das Kochgut wird zugedeckt.

4. Dämpfen

Dazu eignen sich nur spezielle Töpfe oder Fischkasserollen mit Sieb- oder Locheinsätzen, da der Fisch nicht direkt mit dem gewürzten Sud in Verbindung kommen soll. Alle Arten von Fischen können durch Dämpfen zubereitet werden.

5. Schmoren

Grosse Fische, grosse Fischstücke oder gefüllte Fische werden auf in Fett angezogenes Gemüse gelegt. Mit Wein oder mit Fischfond wird dann das Geschirr bis zur Hälfte aufgefüllt. Mit diesem Fond wird dann später die Sauce hergestellt. Während des Garens im zugedeckten Geschirr wird der Fisch von Zeit zu Zeit mit dem Fond übergossen.

6. Braten

Dieses Verfahren kann für Fischfilets, kleine Fische oder Tranchen von Fischen angewendet werden. Der gereinigte, gewürzte Fisch wird in heissem Fett hellbraun gebraten. Das Fett wird für den Rest des Bratvorgangs dann durch Butter ersetzt. Zum Braten gibt es verschiedene Möglichkeiten:
- Gewürzt und in Mehl gewendet.
- In Mehl und Ei gewendet.
- In Mehl gewendet, mit Ei und gemischtem Panierbrot paniert.
- In Mehl gewendet, mit Ei und geriebenem Weissbrot (ohne Rinde) paniert.

Beim Braten ist höchste Vorsicht geboten, ein zu heisses oder zu langes Braten macht die feinen Filets rasch trocken oder hart.

7. Fritieren

Darunter versteht man das Ausbacken von kleineren Fischen oder Fischfilets, bzw. Fischtranchen in reichlich und heissem Fett (ca 160–180°). Durch die während des Backens entstehende Kruste wird ein Austrocknen der Fische verhindert. Wie beim Braten muss darauf geachtet werden, dass das Bakken nicht zu heiss oder zu lange angewendet wird.

Auch hier bieten sich diverse Varianten an:
- In Mehl und Milch gewendet.
- In Mehl und Eiern gewendet.
- In Bierteig gehüllt.
- Mit Mehl, Eiern und Panierbrot paniert oder mit Mehl, Eiern und geriebenem Weissbrot paniert.
- Nur mariniert, mit Kräutern bestreut und ohne weitere Zutaten fritiert.

8. Gratinieren

Bereits gekochte oder pochierte Fische werden mit heller Sauce überzogen und mit Reibkäse bestreut und unter dem Grill überbacken. Eine andere Variante besteht darin, dass eine Sauce Hollandaise mit geschlagenem Rahm leicht vermischt wird, das Fischgericht damit überzogen und dann unter dem Grill überbacken wird. Hier ist Vorsicht geboten, denn die Sauce kann sehr schnell verbrennen.

9. Garen in der Folie

Diese Garmethode entspricht weitgehend derjenigen des *Dünstens*. Es eignen sich kleinere bis mittlere Fische dazu. Ein wesentlicher Vorteil besteht darin, dass der Fisch seine eigenen Aromastoffe bis zum Öffnen der Folie bewahrt. Man sieht allerdings heute ein wenig von der Verwendung der Alu-Folie aus Umweltschutzgründen ab, da sie nach dem Gebrauch praktisch nicht mehr zu verwenden ist. Recyclierbare Backfolien oder Pergamentpapier sind ebensogut zu verwenden.

10. Grillen

Hierfür eignen sich ausschliesslich Fische mit festem Fleisch. Sie werden gewürzt, mit Krepp-Papier abgetrocknet, mit Öl bestrichen und von beiden Seiten auf dem heissen Grill gegrillt.

11. Backen im Salzteig

Eine Methode, die ebenfalls viele Freunde gefunden hat. Der Fisch wird mit Kräutern gewürzt, auf einen Salzteig gelegt und mit einer zweiten Schicht bedeckt. Im heissen Ofen wird der Fisch dann gebacken. Proben können mit Garthermometern vorgenommen werden. Auch hier entwickelt das Fischgericht sein volles Aroma nach dem vorsichtigen Zertrümmern des Teiges. Man sollte für diese Garmethode aber nur grössere Fische (ganzer Hecht, Zander, Aeschen oder grössere Stücke vom Lachs) verwenden.

Der Fischer wurde «frisch» entworfen und mit allerliebsten Details versehen.

Fischrezepte: Die wichtigsten Grundfonds (Brühen) und Saucen

Fischfond

Zutaten für 2 l

1–1,2 kg Fischgräten und Fischabschnitte von Zander oder Hecht
200 g Weisses Gemüse (Weisser Teil vom Lauch, Sellerie, Zwiebeln in nicht zu dicke Blätter schneiden)
Evtl. ein paar Abschnitte von Champignons
1 dl Weisswein
2 l Wasser
Salz nach Geschmack

Zubereitung:
- Die Fischgräten und Abschnitte in eine Kasserolle geben.
- Mit dem Wasser auffüllen und zum Kochen bringen.
- Laufend mit einer Kelle abschäumen, denn es tritt Eiweiss aus.
- Die anderen Zutaten dazugeben.
- Auf schwachem Feuer ca. 30 Min. sieden.
- Nochmals gut abschäumen, um eine Trübung zu vermeiden.
- Vorsichtig durch ein feines Passiertuch passieren und kalt stellen.
- Ist ein Tiefkühlschrank oder eine -truhe vorhanden, empfiehlt es sich, den Fischfond in den von Ihnen gewünschten Portionen abzufüllen und einzufrieren.

Fischfumet

Zutaten für 2 l

150 g Weisses Gemüse wie beim Fischfond
Champignonabschnitte
30 g Butter
1 kg Gräten von Zander etc.
1 dl Weisswein
2 l Fischfond

Zubereitung:
- Gemüse und Champignons in Butter anziehen.
- Fischgräten hinzugeben und anziehen.
- Mit Weisswein und Fischfond auffüllen.
- Auf schwachem Feuer 30 Min. ziehen lassen.
- Wiederum mehrmals abschäumen.
- Zum Schluss durch ein Tuch passieren.
- Nicht salzen.

Dieses Produkt erhalten Sie in Spezialgeschäften oder den Lebensmittelabteilungen von Warenhäusern auch als Fertigprodukt in Gläsern.
Aber: Selbermachen bringt Spass.

Saucen

Fisch-Velouté / Weisse Grundsauce

Die Grundsauce wird im Prinzip mit einer kräftigen Brühe des jeweiligen Produktes hergestellt. In der Hauptsache sind dies Fische, Geflügel und Kalbfleisch. Sie dient nach ihrer Fertigstellung im wesentlichen für eine Vielzahl von Ableitungen in diversen Geschmacksrichtungen (zum Beispiel: Safran, Kräuter, Weisswein, Krebs).

Zutaten:
50 g Butter
50 g Mehl
1,2 l Fischfond
Eine Prise Salz

Zubereitung:
- In einer Kasserolle die Butter heiss, aber nicht braun werden lassen.
- Das Mehl hinzugeben und hellblond anschwitzen.
- Diese Mehlschwitze in der Kasserolle abkühlen lassen.
- Den heissen Fond über die abgekühlte Mehlschwitze geben und unter ständigem Rühren zum Kochen bringen. Das Vorgehen mit kalter Mehlschwitze/heissem Fond verhindert eine Knollenbildung in der Sauce.
- Die Sauce jetzt etwa 15 Minuten leicht kochen lassen, um den Mehlgeschmack zu eliminieren.
- Mit einer Prise Salz würzen und die Sauce durch ein feines Sieb passieren.
- Wird die Sauce nicht sofort weiterverarbeitet, ein paar Butterflocken darauf verteilen. Damit kann eine Hautbildung vermieden werden.
- Die Sauce kann auch im Tiefkühlschrank für eine spätere Verwendung aufbewahrt werden.

Weissweinsauce / Sauce au Vin Blanc

Die zunächst genannte Weisse Grundsauce – die Velouté de poisson – kann von Ihnen nun für sehr viele Ableitungen verwendet werden. Die Geschmacksrichtungen sind sehr variabel. Die folgende Weissweinsauce soll Ihnen eine davon aufzeigen.

Zutaten:
1 l Fischgrundsauce
1 dl Fischfumet
1 dl trockenen kräftigen Weisswein
1 dl flüssigen Rahm
1 Zitrone
Salz und Pfeffer
Butter nach Belieben

Zubereitung:
- Die Grundsauce mit dem Fischfumet zusammen zur gewünschten Dicke einkochen.
- Den Weisswein hinzugeben und nochmals ein wenig einkochen lassen.
- Die Sauce mit dem Rahm binden.
- Den Zitronensaft dazugeben.
- Die Butter in kleinen Stückchen darunter mischen und abschmecken.
- Die Sauce durch ein Tuch passieren.
- Je nach Fischgericht die passenden Kräuter etc. beimengen.

Ableitungen der Weissweinsauce

Sauce aux anchois – Sardellensauce
Eine fertige Weissweinsauce mit ganz wenig Sardellenbutter verarbeitet.

Sauce Bercy – Bercy-Sauce
Vom Fumet eines pochierten Fisches und gehackten Schalotten eine Reduktion gemacht. Eine Sauce au vin blanc beigefügt. Butter und gehackte Petersilie daruntergemischt.

Buttersaucen

Sauce cardinal –
Kardinalssauce
Sauce au vin blanc mit Hummerbutter montiert, mit Trüffelessenz verfeinert.

Sauce aux crevettes –
Krevettensauce
Eine fertige Sauce au vin blanc mit Krevettenbutter vermischt; mit Krevettenschwänzen garniert, mit Cayenne leicht durchsetzt.

Sauce diplomate –
Diplomatensauce
Eine fertige Sauce au vin blanc mit Hummerbutter vermischt, gewürfeltes Hummerfleisch sowie geschnittene Trüffeln beigefügt.

Sauce aux fines herbes –
Kräutersauce
Eine fertige Sauce au vin blanc mit gehackter Petersilie und gehackten Estragonblättern vermischt.

Sauce normande –
Normannische Sauce
Eine Sauce au vin blanc mit dem reduzierten Fumet eines pochierten Fisches und mit reduziertem Champignonfond vermischt. Öfters wird auch eingekochter Austernfond beigefügt.

Sauce riche –
Reiche Sauce
Eine Sauce au vin blanc mit etwas Krebsbutter aufgerührt, mit Trüffelessenz, Trüffelwürfeln und geschnittenen Champignons vermischt.

Sauce Joinville –
Krebssauce
Eine fertige Sauce au vin blanc, mit reduziertem Fumet eines pochierten Fisches und mit reduziertem Champignonfond, mit Krebs- und Krevettenbutter vermischt, mit einer Julienne von Trüffeln garniert.

Sauce hollandaise

Butter
Gehackte Schalotten
Zerdrückte Pfefferkörner
Weissweinessig
Wasser
Eigelb
Salz, Cayennepfeffer
Zitronensaft

Mise en place:

Stielkasserolle (klein)
Saucenkelle

Schneekessel – Wasserbad
Schwingbesen

- Die Butter in Stücke schneiden, klarifizieren bis die Buttermilch absinkt.

- Essig, Weisswein, Pfefferkörner und Schalotten fast vollständig eindünsten (reduzieren), etwas kaltes Wasser beifügen.

- Die abgesiebte Reduktion mit dem Eigelb im Schneekessel über dem heissen Wasser zu einer dickbleibenden Creme aufschwingen.

- An mässiger Wärme die Butter langsam daruntermischen, würzen und abschmecken.

Sauce béarnaise

- Estragon-Essig, Pfefferkörner und Schalotten fast vollständig eindünsten, Weisswein beifügen und erkalten lassen. Absieben und mit dem Eigelb über dem Wasserbad schaumig schlagen.

- Die klarifizierte, aber nicht mehr allzu heisse Butter langsam daruntermischen. Gehackte Estragonblätter beifügen.

Sauce mousseline

- Unter die fertige Sauce hollandaise Schlagrahm im Verhältnis 1:3 daruntermischen.

Sauce maltaise

- Unter die fertige Sauce hollandaise Orangensaft und abgekochte Orangen-Zesten mischen.

Beurre blanc

- Weisswein und Weissweinessig mit gehackten Schalotten einreduzieren. Die Sauteuse von der Herdstelle nehmen und etwas abkühlen lassen. Sauteuse auf den Herdrand stellen.
- Die kalte Butter in kleine Würfel schneiden, im letzten Moment aus dem Kühlschrank nehmen und portionenweise dazugeben. Mit dem Schneebesen kräftig schlagen.
- Nach und nach die Butter in die Sauce schlagen bis die Sauce die gewünschte Konsistenz hat. Nochmals gut durchschlagen und sofort servieren. Ein nochmaliges Erhitzen ist nicht zuträglich.

Fischsud

Herstellung von Fischsud:

Court-bouillon ordinaire
Wasser
Weisswein
Essig

Court-bouillon au bleu
Wasser
Weisswein

Court-bouillon blanc
Wasser
Zitronenscheiben
Milch

Matignon de légumes
Lorbeer, Pfeffer, Salz,
Thymian

Beispiel:
Seeforelle
• Mit kaltem Sud ansetzen und pro kg Fischgewicht etwa 15 Minuten ziehen lassen.

Paysanne de légumes
Salz

Beispiel:
Zuchtforelle
• Die Fische mit Essig übergiessen, mit kochendem Sud (Portion) überdecken, vom Feuer nehmen und ziehen lassen.

Lorbeer, Pfeffer, Salz, Dill

Beispiel:
Zander-Schnitten
• Die Zanderschnitten mit heisser Court-bouillon übergiessen, aufkochen, abschäumen und abseits des Feuers ziehen lassen.

Pochieren im Wein

• Pochierte Fischfilets herausnehmen und auf Anrichteplatte (Gratinplatte) anrichten, mit wenig Fond beträufeln und mit Folie zugedeckt warmstellen.

- Eine Fischvelouté herstellen und den reduzierten Fond des pochierten Fisches beigeben. Aufkochen und wenn notwendig einkochen.

- Die Fischfilets, bzw. die Sauce werden je nach Benennung des Gerichtes mit verschiedenen Garnituren bereichert.

- Mehl in einer Schüssel mit Salz, Pfeffer und Cayenne würzen und die Kretzer darin allseitig wenden.

- Portionenweise in der Fritüre fritieren, gut abtropfen, salzen und auf einer Stoffserviette oder Papierunterlage servieren.

  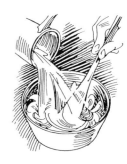

- Sauce verfeinern und abschmecken und über die Filets geben (nappieren).

Fritieren
Zum Fritieren eignen sich ganz kleine Fische, z.B. Kretzer, Stinte, Zwergfelchen usw. oder Fischfilets, z.B. Weisslingfilets im Wasserteig.

- Fische im Stielsieb leicht schütteln, um das überschüssige Mehl zu entfernen.

- Mehl mit Wasser, Salz und Pfeffer vermischen, mindestens 15 Minuten ruhen lassen.

Grillieren

- Die marinierten Filets mehlen, gut abschütten und durch den Wasserteig ziehen. Überflüssigen Teig abstreifen.

- Salmschnitten marinieren und vor dem Grillieren mit Tuch oder Küchenpapier abtupfen (trocknen).

- Grillapparat oder Grillpfanne erhitzen und die Salmschnitten auf die absolut sauberen Grillstäbe legen.

- Mit Fleischgabel den Mittelgrat (Rückengrat) anstechen und herauslösen, um festzustellen, ob der Garprozess abgeschlossen werden kann.

- Im heissen Öl, etwa 160°C bei steigender Hitze fritieren, abtropfen lassen, auf Tuch entfetten.

- Mit Pinsel beidseitig stark ölen.

- Beidseitig grillieren, wieder wenden und den Fisch gitterförmig zeichnen.

- Auf vorgewärmter Platte anrichten und mit Zitronenvierteln und Petersilienbukett garnieren.

Ein paar Tips und Erklärungen zum Rezeptteil

Die Küche, die lebendig sein soll, muss den Mut zu eigenen Kreationen haben. Sie muss sich an bestehenden Normen aufbauen und neue Gerichte hervorbringen.

Die folgenden Rezepte nehmen daher für sich in keiner Weise in Anspruch, nun als perfekt im Raum zu stehen. Sie sind im gastronomischen «Alltag» sicherlich erprobt und dennoch können Sie von Ihnen zu Hause jederzeit abgeändert werden.

Es fängt bei den Fischen an!

Nicht immer sind die Fische gerade vorrätig oder haben Saison, die im Rezeptteil angegeben sind. Weichen Sie ruhig aus und verwenden Sie anstatt Egli (die einheimischen sind schon schwer erhältlich) Felchen oder auch Zander. Die Mengen bleiben sich im Prinzip gleich.

Mit Ihm begann Vieles!
«Archibald» tauften wir diesen prächtigen Holzfisch, der vor fast 100 Jahren in der berühmten Schnitzschule in Bajol (F) geschnitzt wurde.

Gehen wir zum Würzen des Fisches

Sie werden feststellen, dass weitgehendst auf sehr wenige Variationen in den Gewürzen zurückgegriffen wird. Allzu exotische Gewürze werden Sie kaum erkennen. Der Grund dafür liegt darin, dass der Fisch in dieser Beziehung eher «bescheiden» ist. Salz, Pfeffer und ein wenig Zitrone genügen ihm. Man liest und hört viel über die Worchestersauce, die zum Fischmarinieren benötigt wird. Sie ist unseres Erachtens zu streng im Geschmack, was aber nicht heissen will, dass Sie sie zu Hause nicht verwenden können, ebenso wie diverse Kräuter oder Selleriesalz etc. Es kommt immer auf die Dosis an, die eingesetzt wird.

Die Zubereitungsarten der Fische

Es wurde bereits erwähnt, dass Schonung das Höchste für den Fisch ist. So sind ein grosser Teil der Rezepte auf pochierte Fischgerichte ausgerichtet – eine der wirklich schonendsten Garmethoden für Süsswasserfischgerichte neben dem «kurzen» Braten. Dass das «Pochieren» nebenbei gesagt auch noch sehr bekömmlich ist, sollte diese Zubereitungsart eigentlich noch viel beliebter machen. Aber Ihrer Phantasie sind ebenfalls in dieser Hinsicht keine Grenzen gesetzt.

Als Unterstützung unserer Rezeptwahl mag vielleicht gelten, dass in der Tafelgesellschaft zum Goldenen Fisch den einfachen Grundzubereitungsarten eine grosse Aufmerksamkeit geschenkt wird.

Die Saucen

Der Saucenkoch oder «Saucier» wie er in der Fachsprache der Küche heisst, gehört in der Hierarchie der Küchenbrigade heute noch zu den wichtigsten Personen in diesem Team. Eine perfekte leichte Sauce zu einem Fisch kann oftmals das A und O für den verwöhnten Gästegaumen sein. In der warmen Küche ist dieser Koch wohl einer der kreativsten. So macht ein wenig von diesem und eine Prise von jenem aus einer gewöhnlichen Sauce oft ein kulinarisches «Gedicht». Sie darf den Fisch nur nicht übertönen. Die genannten Saucen zu den Fischgerichten sind Vorschläge, die Sie im Detail natürlich noch äusserst vielfältig variieren können und sollen. Es sind lediglich Anregungen, wie und was man zu diesem oder jenem Fisch servieren könnte.

Die Beilagen zum Fisch

Es wurde bewusst darauf verzichtet, diese überall zu erwähnen. Prinzipiell «liebt» ein Fisch natürlich eine gepflegte Salzkartoffel als Beilage. In einigen Beispielen werden Teigwaren mit ins Rezept eingebracht, was bei gewissen Gerichten ohne weiteres sinnvoll ist. Reis in vielfältigen Formen ist natürlich ebenso eine Standardbeilage, sei es nun der Vialone Reis, ein Wildreis, der mit normalem Reis gemischt serviert wird, ein Basmatireis, der etwas parfumiert wirkt, wenn er gekocht ist, oder auch ein Vollkornreis, der manches Gericht noch attraktiver macht. Sie werden es nicht glauben, aber zu einem rustikalen Fischgericht kann sich eine feine Butterrösti ebenfalls hervorragend eignen. Gemüse in allen Variationen können ein Fischgericht begleiten, ohne dass man daran Kritik üben kann. Sogar ein neutral gehaltenes Sauerkraut kann einem Fischgericht seine besondere Note verleihen.

Auch in dieser Hinsicht: Lassen Sie Ihrer Phantasie freien Lauf und betrachten Sie die Rezepte nicht als zwingend, sondern als Anregung zu eigenen Phantasien und Kreationen.

Eglifilets mit Sesam gebraten, Curcumasauce

Curcuma: Gelbwurzel genannt, ist ein unerlässlicher Bestandteil des Currypulvers. Curcuma gehört mit zur Familie des Ingwers und kommt aus Südasien.

Zutaten:
600 g frische Eglifilets ohne Haut
50 g Weissmehl
100 g Sesamsamen
1 frisches Ei
1 dl Fischvelouté
0,5 dl Öl
1 dl flüssiger Rahm
0,5 dl Fischfond
Salz, Pfeffer und Curcuma nach Geschmack
Etwas frische Kräuter

4 Fleurons (Entweder fertig kaufen oder fertigen rohen Blätterteig einkaufen und mit einem Fischausstecher ausstechen und im Ofen ausbacken. Man kann sich auch einen kleinen Vorrat der Fleurons anlegen, sofern man häufig Gäste für ein Fischmahl bei sich eingeladen hat.)
Rohe Blätterteigfischli halten im Tiefkühlfach ca. 5 Monate.

Zubereitung:
- Die Eglifilets würzen, im Mehl und im Ei wenden.
- Die Filets im Sesam panieren und diesen gut andrücken.
- Pfanne mit Öl erhitzen, die Eglifilets in die Pfanne geben und beidseitig goldbraun braten. (Achtung vor dem Verbrennen.).
- Die Fischvelouté mit dem Fischfond einkochen und den Rahm hinzufügen. Nochmals kurz aufkochen lassen.
- Mit Curcuma, Salz und Pfeffer würzen.
- Die Sauce auf eine Seite des Tellers geben, die Eglifilets fächerartig plazieren und mit den Fleurons ausgarnieren.
- Etwas Sauce à part servieren.
- Am besten Saisongemüse und Kartoffeln dazu servieren.

Eglifilets mit Mango

Zutaten:
600 g Eglifilets
30 g Schalotten geschält
und fein gehackt
50 g Butter
1 dl Weisswein
1 dl Fischfond
2 dl Fischvelouté
1 El Rum
1 Mango
1 dl Rahm
Salz, Pfeffer
Saft von 1 Zitrone
Dillzweige für Garnitur

Zubereitung:
- Eglifilets mit Zitronensaft, Salz und Pfeffer marinieren.
- Mango schälen und um den Stein herum in Scheiben schneiden.
- Ein flaches Kochgeschirr mit Butter bestreichen und die gehackten Schalotten verteilen.
- Fischfilets und Mangoscheiben abwechslungsweise in das Geschirr geben.
- Mit Weisswein und Fischfond netzen und mit Backfolie bedecken.
- Im Ofen oder auch auf der Herdplatte vorsichtig pochieren.
- In der Zwischenzeit die Fischvelouté mit dem Rum aufkochen.
- Den Fisch warm stellen.
- Den Pochierfond zur Hälfte einkochen und in die Fischvelouté geben.
- Mit Rahm verfeinern, durch ein Sieb passieren und abschmecken.
- Den Fisch auf warmen Tellern oder einer vorgewärmten Platte anrichten.
- Mit der Sauce übergiessen und mit den Dillzweiglein ausgarnieren.

Eglifilets mit Orangen

Zutaten:
600 g Eglifilets
40 g Schalotten geschält
und fein gehackt
0,5 dl Öl
0,5 dl Weisswein
50 g Mehl
1 Salatgurke
4 Orangen
1 dl Rahm
150 g Butter
Salz und Pfeffer
Saft von 1 Zitrone
Dillzweig zum Garnieren

Zubereitung:
- Eglifilets mit Zitronensaft, Salz und Pfeffer marinieren.
- Die Gurke waschen, schälen, halbieren und entkernen.
- Mit einem Ausstecher kleine Kugeln ausstechen.
- In kochendes Salzwasser geben und einmal kurz aufkochen lassen und sofort abkühlen.
- 2 Orangen schälen und davon Filets schneiden.
- Von den beiden anderen Orangen den Saft auspressen.
- Die Schalotten mit Weisswein reduzieren, den Saft der Orangen beifügen und zur Hälfte einkochen lassen.
- Den Rahm dazugeben, mit Salz und Pfeffer abschmecken, durch ein Sieb passieren und warm halten.
- Die Eglifilets mehlieren und abklopfen.
- Im erhitzten Öl goldbraun braten.
- Die Gurkenkügelchen in Butter fertig garen, ebenso separat die Orangenfilets.
- Die Sauce auf die heissen Teller geben, den Fisch sternförmig darauf anrichten, und mit den Orangenfilets und den Gurkenkugeln garnieren.
- Am Schluss mit einem Dillzweig garnieren.

41

Eglifilets mit Äpfel und Calvados

Zutaten:
600 g Eglifilets
50 g Butter
40 g Schalotten geschält und fein gehackt
Saft von 1 Zitrone
2 dl Fischvelouté
0,5 dl Fischfond
0,5 dl Weisswein
1 dl Rahm
1 El Calvados
2 Äpfel mittelgross
Salz und Pfeffer
Kerbel zum Garnieren

Zubereitung:
- Die Eglifilets mit Salz, Pfeffer und Zitronensaft marinieren.
- Äpfel schälen, halbieren und ohne den halben Apfel auseinander zu brechen das Kerngehäuse entfernen (am besten mit einem Ausstecher).
- Die Äpfel mit einem dünnen Messer fächerförmig einschneiden. Auch hier müssen die Äpfel ganz bleiben. Dann mit Zitronensaft beträufeln um ein Verfärben zu vermeiden.
- Mit Butterflocken belegen und in einer feuerfesten kleinen Form im Ofen glasig garen (ca. 15 Min. bei 180°).
- Eine weitere feuerfeste Form nun mit Butter bestreichen und einen Teil der Schalotten hinzugeben.
- Den Fisch darauf legen, mit Weisswein und Fischfond begiessen und zugedeckt im Ofen bei 180° oder auf der Herdplatte ca. 8–10 Min. pochieren.
- Die restlichen Schalotten mit dem Calvados zur Hälfte einkochen; die Fischvelouté sowie den Rahm hinzugeben.
- Mit dem Pochierfond evtl. verdünnen.
- Abschmecken und durch ein feines Sieb passieren.
- Die Menge des Calvados kann beliebig nach Geschmack erhöht werden, allerdings sollte der feine Geschmack der Eglifilets nicht allzu stark übertönt werden.
- Die pochierten Eglifilets auf vorgewärmten Tellern oder Platten anrichten.
- Mit den glasierten Äpfeln garnieren.
- Die Calvadossauce dann über den Fisch giessen.
- Mit frischen Kerbelblättern garnieren.

Felchenfilets im Gemüsemantel

Zutaten:
600 g Felchenfilets
Salz und Pfeffer
Saft von 1 Zitrone
2 frische Eier
100 g geschälte Karotten
100 g geschälten Sellerie
100 g gerüsteter Lauch
50 g Mehl
0,5 dl Öl
50 g Butter
1,5 dl Fischvelouté
1 dl Rahm
1 El frische Kräuter, fein gehackt
Einige Dill- oder Kerbelzweige

Zubereitung:
- Bevor Sie die Felchenfilets weiterverarbeiten, schneiden Sie mit einer Haushaltsschere die Bauchflossen der Filets ab, sofern dies Ihr Fischhändler noch nicht getan hat. Es kann verhindern, dass die Felchen durch die Bauchflossen einen tranigen Geschmack annehmen, der mitunter den Genuss beeinträchtigen kann.
- Die Felchen nun wie gewohnt mit Zitrone, Salz und Pfeffer marinieren.
- Das gerüstete Gemüse (Karotten und Sellerie) entweder von Hand oder mit einer feinen Gemüseraffel in sehr feine Streifen schneiden oder reiben. Der Lauch muss von Hand geschnitten werden.
- Unterdessen das Eigelb vom Eiweiss trennen und letzteres leicht aufschlagen.
- Das Gemüse nun in kochendem und leicht gesalzenem Wasser kurz aufkochen lassen und sofort im kalten Wasser abkühlen.
- Auf einer Platte das Gemüse ausbreiten.
- Die Fischfilets nun im Mehl wenden und anschliessend durch das aufgeschlagene Eiweiss ziehen.
- Die Fischfilets auf beiden Seiten mit dem Gemüse panieren und gut andrücken.
- Öl in einer Pfanne erhitzen, die Felchenfilets am besten mit Spachtel in die Pfanne geben und langsam auf beiden Seiten goldbraun braten, warm halten.
- Die Fischvelouté aufkochen und mit Rahm verfeinern.
- Die gehackten Kräuter dazugeben, aber die Sauce nicht mehr kochen lassen.
- Die fertige Sauce auf einen heissen Teller geben und die gebratenen Fischfilets fächerförmig darauf anrichten.
- Mit Dill- oder Kerbelzweig ausgarnieren.

Felchenfilets im Kartoffelmantel

Zutaten:
600 g Felchenfilets
0,5 dl Öl
50 g Butter
50 g Kartoffelstärke (Fécule)
50 g Mehl
400 g Kartoffeln geschält
2 dl Weisswein
50 g Schalotten
200 g Butter
1 El Schnittlauch fein geschnitten
Saft von 2 Zitronen
Salz und Pfeffer

Zubereitung:
- Felchenfilets mit dem Saft einer Zitrone, Salz und Pfeffer marinieren. (Bitte beachten, dass die Bauchflossen von den Felchenfilets abgeschnitten werden.)
- Die geschälten Kartoffeln fein raffeln und auf Haushaltspapier trocknen.
- Mit *dem* Fécule vermischen.
- Die Felchenfilets mehlieren, abklopfen und mit den geraffelten Kartoffeln panieren.
- Das Öl mit etwas Butter erhitzen.
- Die Fischfilets darin goldbraun braten.
- Nach dem Garen warm halten.
- Die feingehackten Schalotten mit Zitronensaft und Weisswein zu einem Drittel reduzieren.
- Die Sauce vom Feuer nehmen und die Butter in Flocken darunterziehen.
- Absieben und über die auf vorgewärmten Tellern angerichteten Filets geben.
- Fein geschnittenen Schnittlauch darüber streuen.

Forelle mit Porto

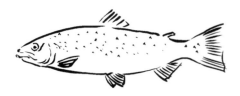

Zutaten:
600 g Forellenfilets ohne Haut
2 Tomaten geschält, entkernt und in Würfel geschnitten
2 Schalotten geschält und gehackt
60 g Butter
1 Glas Portwein ca. 1,5 dl
0,5 dl Rahm
Saft von 2 Zitronen
Salz, Pfeffer und Petersilie

Zubereitung:
- Ihren Ofen auf 200° vorwärmen.
- Die Forellenfilets mit Zitronensaft, Salz und Pfeffer marinieren.
- In einer feuerfesten Form die Butter erhitzen und die Schalotten darin dünsten.
- Die Tomatenwürfelchen dazugeben.
- Die vormarinierten Filets auf die Tomaten legen und mit dem Portwein übergiessen.
- Im vorgewärmten Ofen (180°) 15 Minuten garen.
- Den Fisch aus der Form nehmen und warm halten.
- Die Flüssigkeit um ⅓ einkochen lassen.
- Den Saft der 2. Zitrone sowie den Rahm beifügen.
- Zum Schluss die restliche Butter dazugeben.
- Den Fisch auf einer Platte oder Teller anrichten.
- Mit der Sauce übergiessen.

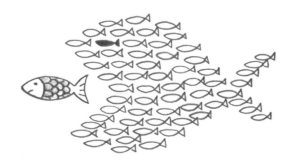

49

Forelle mit Riesling

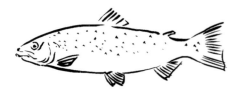

Zutaten:
4 Forellen ganz
(pro Forelle ca. 300 g)
1 dl Elsässer Riesling
50 g Schalotten geschält
und gehackt
300 g Champignons
2 dl Rahm
0,5 dl Fischfond
20 g Butter
10 g Beurre manié
(Weiche Butter mit gleichviel
Mehl vermischen. Wird zum
Binden der Sauce benötigt.)
1 El Peterli gehackt
4–6 Kerbelzweiglein
zum Garnieren
Saft von 1 Zitrone
Salz und Pfeffer

Zubereitung:
- Den Backofen auf ca. 180° vorwärmen.
- Von den Champignons die sandigen Füsse abschneiden, evtl. erhalten Sie sie bereits gerüstet.
- Von 4 Champignons die Köpfe abschneiden und mit einem Messer ein kleines Muster einschneiden. Die Pilze waschen und bis auf die 4 Köpfe alle in feine Scheiben schneiden.
- In einem flachen Kochgeschirr etwas Butter heiss machen, die Champignons dazugeben, Zitronensaft und ca. 1–2 El Riesling beifügen.
- Die Pilze ca. 3–4 Minuten leicht kochen lassen. Nach dem Garen einen Teil des Fonds abschütten und ein wenig für die Sauce aufbewahren.
- Die ausgenommenen Forellen salzen und pfeffern.
- In einer genügend grossen feuerfesten Form die Schalotten verteilen.
- Die Forellen darauf legen, mit dem Riesling, dem Fisch- und dem Champignonfond begiessen.
- Die Fische nun mit einer gebutterten Folie (Pergamentpapier) zudecken, in den vorgewärmten Ofen geben und 8–10 Minuten bei ca. 180° pochieren.
- Mit der Spitze eines Bratthermometers zur Probe in das Rückenfleisch der Forellen stechen. Lässt sich das Fleisch leicht durchbohren ist der Fisch gar. Ebenfalls werden die Augen wieder zu 2 weissen Kugeln.
- Nach dem Garwerden, die Forellen vorsichtig aus dem Geschirr nehmen und auf beiden Seiten sorgfältig die Haut vom Kopf bis zum Schwanz entfernen.
- Anschliessend auf einer Platte und mit Folie zugedeckt warm halten.
- Den Pochierfond mit Rahm aufkochen, die vorbereitete Mehlbutter mit einrühren, nochmals aufkochen und durch ein feines Sieb passieren.
- Nochmals kurz aufkochen, die Konsistenz der Sauce nach Ihrem Geschmack überprüfen (evtl. dünner oder dicker) und abschmecken.
- Die abgetropften Champignons nun in die Sauce geben. Die gehackten Kräuter daruntermischen.
- Die Forellen auf einer vorgewärmten Platte oder Teller anrichten.
- Die Sauce über die Forellen giessen und mit den Champignonköpfen und den Kerbelzweigen garnieren.

Wie Hanns U. Christen empfiehlt, trinkt man aus Gründen der Harmonie von Fisch und Wein am besten einen Riesling dazu.

Forellen-Rosetten an zwei Saucen

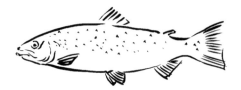

Zutaten:
600 g Forellenfilets ohne
Gräten und Haut
(ideal wären Filets mit
rötlichem Fleisch)
30 g Schalotten, geschält
und gehackt
20 g Butter
200 g Blattspinat (tiefgekühlt,
auftauen lassen und die
Blätter vorsichtig teilen und auf
Haushaltspapier abtropfen)
2 Tomaten geschält,
entkernt und in kleine
Würfel geschnitten
1 dl Weisswein
5 dl Fischfond
4 dl Fischvelouté
1 dl Rahm
Saft von 1 Zitrone
Salz und Pfeffer
Klarsichtfolie

Zusatzrezepte:
Aus der Fischvelouté 2 Saucen nach Ihrer Wahl herstellen. Möglich wären zum Beispiel: Kresse- und Safransauce oder Weisswein- und Krebssauce. Wichtig ist, dass es sich um 2 konträre Farben handelt, die Ihr Gericht attraktiv erscheinen lassen. Beachten Sie daher bitte unser Kapitel mit den Saucen und deren Ableitungen zu Beginn des Buches.

Zubereitung:
- Die Filets mit der Aussenseite zwischen einer Klarsichtfolie vorsichtig flach klopfen. Achtung, die Filets dürfen nicht zerreissen.
- Die Filets mit Zitronensaft, Salz und Pfeffer würzen.
- Die Spinatblätter einzeln auf den Filets verteilen, so dass die Oberfläche gleichmässig bedeckt ist.
- Nun die Filets von der Spitze her eng zusammenrollen und in Klarsichtfolie einwickeln.
- Die Schalotten in Butter dünsten und mit Weisswein ablöschen.
- Anschliessend mit dem Fischfond auffüllen.
- Diesen Fond unter dem Siedepunkt halten und die eingewickelten Forellenrouladen in diesem Fond bei nicht zu starkem Feuer ca. 8–10 Minuten pochieren.
- Nach dem Garen die Rouladen in der Folie warm stellen.
- Den Fond auf ⅓ reduzieren lassen.
- Die Fischvelouté aufkochen, nach Wunsch mit dem reduzierten Fischfond verdünnen und durch ein Sieb passieren.
- Den Rahm dazugeben, nochmals aufkochen lassen und nun aus dieser Sauce die von Ihnen gewünschten Kreationen herstellen. Gemäss Beispiel: Für die Safransauce etwas Safranpulver für ein zartes Gelb verwenden. Als Einlage ein paar Safranfäden daruntermischen. Für die Kressesauce, Kresseblätter im Mixer pürieren, um damit der Sauce ihre grüne Farbe zu verleihen. Ein paar Kresseblätter ebenfalls als Einlage verwenden.
- Die Tomatenwürfelchen kurz in Butter anziehen.
- Auf heissen Tellern nun aus den Saucen 2 «Spiegel» herstellen, das heisst, die Saucen vorsichtig auf den Teller giessen, so dass sie nicht ineinander laufen.
- Die Tomatenwürfelchen als Kontrast und Garnitur in kleinen Bouquets auf eine der beiden Saucen geben.
- Die Forellenrouladen aus der Folie nehmen und mit einem scharfen, schmalen, Messer vorsichtig in 2–3 Tranchen schneiden und sie sorgfältig auf die Sauce legen.

Schaum von geräucherter Forelle

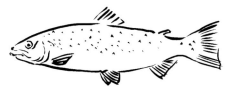

Zutaten:
300 g geräucherte
Forellenfilets ohne Haut und
ohne Gräten
1 dl Rahm
0,5 dl Fischvelouté
1 Tl Weisser Martini
4 Blatt Gelatine
Saft von 1 Zitrone
Salz und Pfeffer

Zubereitung:
- Die geräucherten Forellenfilets mit der *kalten*(!) Fischvelouté fein im Mixer pürieren.
- Anschliessend durch ein Sieb streichen, um evtl. kleinste, übrig gebliebene Grätenstückchen zu eliminieren.
- Die Gelatineblätter in kaltem Wasser einweichen und danach gut ausdrücken.
- Im erwärmten Martini die Gelatineblätter auflösen und in die passierte Masse geben.
- Nun den Rahm sehr steif schlagen.
- Beginnt die Fischmasse langsam zu stocken, den Rahm langsam unter die Farce ziehen.
- Mit Salz, Pfeffer und Zitronensaft abschmecken.
- Das Ganze in eine mit Folie ausgelegte Cakes-Form einfüllen und im Kühlschrank fest werden lassen.
- Dieses Gericht sollte am Vortag der Verwendung angefertigt werden, damit eine gewisse Festigkeit gewährleistet wird.
- Kurz vor Gebrauch den Forellenschaum aus der Form stürzen und mit einem feinen, dünnen Messer in Tranchen schneiden.

Variante:
Ihrer Phantasie sind keine Grenzen gesetzt. Sie können die Farce mit diversen Produkten kreativ erweitern. So sind div. Fischrogen (Kaviar, Kaviarersatz, Lachs- oder Forellenrogen) als Einlage denkbar. Ebenfalls ist es auch möglich, dass Sie die Form mit Scheiben von geräuchertem Lachs auslegen und darauf die Farce geben. U.v.a. mehr. Ebenso können Sie dieses Gericht anstelle der Forelle auch mit geräuchertem Stör oder Lachs herstellen.
Dazu servieren Sie Sahnemeerrettich oder eine leichte Yoghurt/Senfsauce.

Bachforellenfilets mit Trüffelstreifen

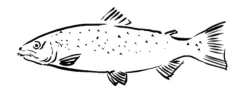

Zutaten:
600 g Bachforellenfilets ohne Haut
50 g Butter
40 g Schalotten geschält und fein gehackt
Saft von 1 Zitrone
1 dl Weisswein
0,5 dl Fischfond
2 dl Fischvelouté
0,5 dl Rahm, steif geschlagen
0,5 dl Holländische Sauce
1 Trüffel
Salz und Pfeffer

Zubereitung:
- Fischfilets mit Salz, Pfeffer und Zitronensaft marinieren.
- Flaches Kochgeschirr mit Butter ausstreichen.
- Mit den gehackten Schalotten bestreuen.
- Die Trüffel vorsichtig in sehr feine Scheiben und anschliessend in ebenso feine Streifen schneiden.
- Forellenfilets auf die Schalotten legen.
- Mit Weisswein und Fischfond begiessen.
- Die Trüffelstreifen darüber geben.
- Im Ofen bei 180° oder auf der Herdplatte zugedeckt pochieren (ca. 8–10 Min.).
- Die Fischvelouté aufkochen, mit einem Teil des Pochierfonds verdünnen und $1/3$ einkochen lassen.
- Diese Sauce passieren, die Holländische Sauce darunterziehen und zum Schluss den geschlagenen Rahm vorsichtig unter die Sauce ziehen. Nochmals abschmecken.
- Abseits vom Feuer warm stellen.
- Den pochierten Fisch auf Teller oder Platte anrichten, mit der Sauce nappieren (übergiessen) und unter dem Grill oder der Oberhitze im Backofen leicht bräunen.

55

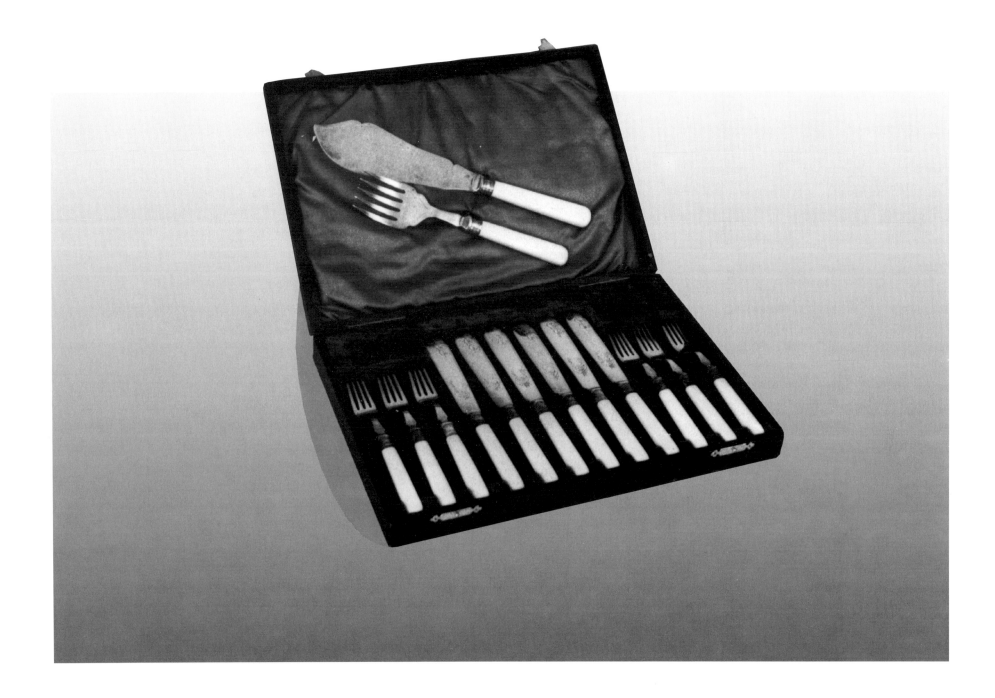

Gemischte Fischplatte auf Sauerkraut

Zutaten:
600 g div. Fischfilets (Zander, Lachs, Felchen, Egli, Wels, Lachsforelle, Saibling) je nach Saison oder Geschmack
800 g Sauerkraut
1 Zwiebel geschält, mittelgross (ca. 120 g), fein gehackt
2 dl Weisswein trocken oder Champagner (auch Sekt)
1 dl Gemüsefond (Fertigprodukt)
2 El Weissmehl
1 Lorbeerblatt
0,5 dl Öl
3 Nelken
Salz, Pfeffer, Worchestersauce und Zitronensaft

Für die beurre blanc (Weisse Schaumbutter)
50 g Schalotten geschält und fein gehackt
Saft von 1 Zitrone
1 dl Weisswein
150 g Butter
Nach Belieben:
Frische Kräuter Ihrer Wahl

Zubereitung:
Damit das Fischgericht nicht von einem starken Sauerkrautgeschmack übertönt wird, ist es sehr wichtig, dass das Kraut unbedingt 2mal in lauwarmem Wasser und anschliessend nochmals in kaltem Wasser gewaschen wird. Dann muss es gut abtropfen und ausgedrückt werden.

- Zwiebeln in feine Scheiben schneiden.
- Das Öl erhitzen, die Zwiebeln hinzugeben und hell dünsten.
- Das Sauerkraut hinzugeben, mit der Gemüsebrühe auffüllen und das Kraut während 1 ½ Stunden im Ofen schmoren. Den Stand der Flüssigkeit ab und zu kontrollieren.
- Während dieser Zeit die Fischfilets Ihrer Wahl mit Salz, Pfeffer, Zitrone marinieren.
- Kurz bevor das Sauerkraut fertig ist, den Wein oder den Champagner beifügen und das fertige Kraut abschmecken und heiss stellen.
- Weisswein mit Schalotten zur Hälfte einkochen lassen.
- Die Fischfilets mehlieren und in der Pfanne goldbraun braten. Je nach Konsistenz der Filets zuerst die dickeren braten.
- Filets warm stellen.
- Noch unter raschem Rühren (in der Form einer 8) die Butterflocken unter die vorbereitete Reduktion geben. Achtung, die Temperatur sollte 80° nicht übersteigen.
- Die frischen Kräuter nach Ihrem Geschmack hinzufügen.
- Das Sauerkraut in der Mitte des Tellers zu einem Sockel anrichten, die Fischfilets kreisförmig darauflegen.
- Die Schaumbutter entweder in vorgewärmter Sauciere separat dazu servieren oder um das Sauerkraut herum auf den Teller geben.
- Als Beilage eignen sich am besten Salz- oder Kräuterkartoffeln.

E.E. Zunft zu Fischern

Es war am 15. Februar 1354, als der Bischof Johann Senn von Münsingen den Stiftungsbrief für die Zunft der Fischer und denjenigen für die Zunft der Schiffsleute ausgestellt hat. Im Jahr 1357 wurden die Zunft der Fischer und die der Schiffsleute als 15. und am Ende der Rangliste stehende Zunft in der ältesten Ratsbesatzung der Stadt aufgeführt. Obwohl am Schluss dieser Liste stehend, gehörten die beiden handwerklich orientierten Zünfte sehr wohl zu denjenigen Berufsgruppierungen, die sich schon sehr früh organisiert hatten, denn gerade die Fischerei hatte für die Ernährung der Bevölkerung im Mittelalter eine recht hohe Bedeutung, nicht zuletzt auch als Folge der vielen Festtage, die von der Kirche vorgeschrieben waren.

Das handwerkliche, gewerbliche und gesellschaftliche Leben (eigene Zunfthäuser und Stubenknechte) der beiden «Halbzünfte» mag getrennt gewesen sein, politisch trat man als Einheit auf und das gemeinsame Banner hatte stets auf eine nach aussen hin wirksame Verbundenheit hingewiesen. Im Stiftungsbrief wurde seinerzeit allerdings festgehalten, dass es keinem der Zunftbrüder erlaubt sei, das Handwerk der Schwesterzunft zu betreiben.

Dass diese Vorschrift auf die Dauer nicht einzuhalten war zeigt, dass die Fischer sich recht bald einmal darum bemühten an der Beförderung von reisenden Pilgern zu partizipieren. Wer mochte es den Schiffsleuten verargen, dass sie im 15. Jahrhundert auch das Recht der Fischerei in Anspruch nehmen wollten. Am Ende des Jahrhunderts fand man dann nach diversen erlassenen Verfügungen baslerische Kompromisse: Die Fischer wurden mit einem Betrag von 15 rheinischen Gulden dafür abgefunden, dass sie auf den Personentransport verzichteten und die Schiffsleute verzichteten an 5 Nächten pro Woche auf den Fischfang. Einzig für das Zunftmahl oder andere gesellschaftliche Anlässe im Zunfthaus durften die Schiffsleute ihre Fische selber fangen.

Es versteht sich beinahe von selbst, dass sich das Zunfthaus der E.E. Zunft zu Fischern auf dem Platz befand, auf dem sich auch der gesamte Handel abspielte: auf dem Fischmarkt. Dieses Haus trug den Namen «zur goldenen Büchse» und befand sich an der Stelle, an der sich heute die Terrasse des Restaurants zum «Storchen» und die Einfahrt zum Storchenparking befindet.

Zum Zeichen des Handwerks, das dort betrieben wurde, liessen Meister und Vorgesetzte einen in Stein gehauenen Salm über der Eingangstüre anbringen. Dieser Salm ist heute noch an der Terrassenmauer – neben dem Gebäude der Oekk – beim Aufgang zur Peterskirche zu entdecken.

1891 entschloss sich die Zunft der Fischer, diese Liegenschaft einem Christian Singer-Schäfer aus Sulz am Neckar zu verkaufen, dem bereits das Haus neben der Zunftstube gehörte.

Wie bei vielen anderen Zünften, so ist auch bei der Fischerzunft der Zunftschatz ein wertvolles Kulturgut, dem heute viel Aufmerksamkeit und Pflege geschenkt wird. Während des Jahres befinden sich die Kleinode im Historischen Museum und nur an hohen Festtagen – wie der Tag des Zunftmählis einer ist – tragen die wertvollen Insignien des Zunftlebens zum Schmuck des Ehrentisches bei. Eine besondere Ehre gedeiht dabei dem Salmbecher der Fischerzunft, dessen Gestaltung auf das 17. Jahrhundert zurückgeht. Wurden die Schätze früher zum Teil weit unter Wert von den Zunftvorständen verkauft und gelangten auf diese Art häufig ins Ausland, so fand dieser wunderschöne Becher, aufgrund der Bemühungen des Historischen Museums, 1936 wieder den Weg nach Basel zurück. Er war bis dahin bei niemand geringerem im Besitz, als bei Baron Henri de Rothschild in Paris. Der prächtige aufgezäumte Salm, dem schon im Mittelalter der Titel eines «Junkers» verliehen wurde um ihm bereits zu dieser Zeit als kostbarem Schuppenwild die Referenz zu erweisen, wird von einer Doppelfigur getragen. Es sind dies eine Meerjungfrau und Tritone, deren Körper in einen Fischschwanz auslaufen. Zusätzlich ist der Becher mit Delphinen, die sich in einem Blätterwerk befinden, verziert und die Wappen (Zunftmeister, Ratsherr und Sechser als damaligem Zunftvorstand) tragen zur Vollendung dieses Kunstwerkes bei. Seit vielen Jahren hat die E.E. Zunft zu Fischern ihren Sitz im «Café Spitz», wo im ersten Stock die «Zunftstube» den monatlichen Vorgesetzten-Sitzungen als Heimat dient. Prächtige Holzstabellen, die jedem Vorgesetzten gehören und die auch deren Namen tragen, ein nicht minder schöner ovaler Tisch, sowie Zunftwappen, eine Lachsfalle und Gedenktafeln bieten den äusseren Rahmen für viele Diskussionen, die im Zunftleben auch heute noch eine grosse und wichtige Rolle spielen.

Während die Vorgesetzten im 1. Stock ihre Entscheidungen fällen, versammeln sich nach und nach die Zunftbüder am letzten Montag im Monat rund um den grossen Fischtisch im «Schwalbenäscht». Sie lassen es sich bei Bier, dem eigens ausgewählten Fischerezunftwyy und dann und wann bei einer grossen Platte gebackener Eperlans (Stintfischli) wohl sein. Der «Stamm» erfreut sich – vielleicht aufgrund dieses Fischtisches, der die Verbundenheit zu ihrem Handwerk darstellt – eines grossen Zulaufs.

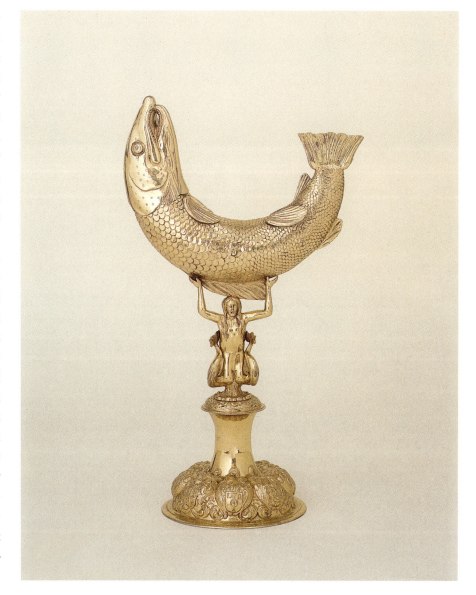

Am ersten Novembersamstag hingegen, wenn Basel sich manchmal neblich, öfters grau und kalt, aber häufig auch im goldenen Licht eines strahlend schönen Spätherbsttages präsentiert, dann findet gleichzeitig der hohe Tag der Fischerzunft statt. Der Meister ruft zum «Fischere-Zunftmähli» und nahezu alle Zunftbrüder, Gäste und Ehrengäste folgen diesem Ruf. Das ist der Tag, an dem «e kiehle Wysse» zumindest die Fischvorspeise begleitet (leider finden die reinen Fischmahlzeiten in 6 oder 7 Gängen – noch – nicht die Zuneigung aller «Zunftbrieder») und an dem der Saal von den Stimmen erfüllt ist, die von Freundschaft zeugen, und trotzdem Kritik oder Lob am Staatswesen nicht ausschliessen.

Senkt sich dann der Abend über den Meriansaal, dann ist es Zeit, dass sich die im «dunggle Glaid» gewandeten Herren auf den Weg machen, um Baizen und Baizli im Glaibasel aufzusuchen, um auch dort noch die Freundschaft der Zunft zu manifestieren und über Themen zu diskutieren, die das Zunftleben interessant machen. Gar mancher stellt dann in den frühen Morgenstunden fest, dass es eigentlich schon lange Zeit gewesen wäre, sich mit dem «Drachefueter» (dem Bhaltis für die Gattin, für die Freundin oder anderen liebenswerten Menschen, die an diesem Tag einsam auf den Herrn der Schöpfung warten) daheim zu melden...

... Wer nennt die Namen, zählt die Schicksale derjenigen Zunftbrüder, die *ohne* diese Trophäe dieses schönen Tages heimgekehrt sind.

Die Fischerzunft ist ein Teil des «Café Spitz» und das Haus ist ein Teil des Zunftlebens. Mag sein, dass wir seit 1987 ein wenig von dem verkörpern, was früher das Zunftleben ausgemacht hat. Wir bieten die Fische an, die in heimischen

Gewässern zu finden sind und die im Mittelalter zum Handwerk vieler Menschen in der Stadt Basel und am Rhein gehört haben.

Daher ist die folgende Doppelseite «unserer» Zunft gewidmet. Neben einer wunderbaren Glasmalerei aus dem Mittelalter erscheint der Fischerzunftteller, der seit Beginn des Fischrestaurants «Café Spitz» zu den Standardgerichten zählt und der durch die Vielfalt der Fische eine kleine Hommage der Zunft gegenüber sein soll. Dass der Epesses aus dem Waadtland zum Zunftwyy erkoren wurde, war ein Ergebnis, dem eine demokratische Abstimmung unter den Vorgesetzten vorausging. Ein Zeichen dafür, dass das Zunftleben wirklich noch lebendig ist und es hoffentlich auch noch lange bleiben wird.

62

Fischerzunftteller

Zutaten:

700 g gemischte Fischfilets (Zander, Egli, Felchen, Forelle, Lachs oder andere Fische, die einer Fischerzunft würdig sind)
Saft von 1 Zitrone
0,5 dl Öl
50 g Mehl
300 g Spinat (gekocht)
1 dl Rahm
20 g Schalotten fein gehackt
150 g Champignons
150 g Lauch
2 Tomaten geschält, entkernt und das Fleisch in feine Würfelchen geschnitten
100 g Butter
80 g gehobelte Mandeln oder Mandelsplitter

Zubereitung:

- Fischfilets in 4 Portionen aufteilen.
- Mit Zitronensaft, Salz und Pfeffer marinieren.
- Die Champignons waschen, in Scheiben schneiden und in etwas Butter dünsten und warm stellen.
- Den Lauch halbieren, sehr gut waschen, in feine Streifen oder Blätter schneiden und in Salzwasser kochen, aber nicht zugedeckt, damit die grüne Farbe nicht zerstört wird. Anschliessend im kalten Wasser abkühlen und in ein Sieb giessen.
- Die Schalotten (1 Tl) in Butter dünsten, die Tomatenwürfel dazugeben. Auch diese Würfelchen nun warm stellen.
- Den Rest der Schalotten in einem anderen Kochgeschirr dünsten, den ausgedrückten Spinat hinzugeben, den Rahm beifügen, mit Salz und Pfeffer würzen und den Spinat erhitzen.
- Die marinierten Fischfilets nun im Mehl wenden, abklopfen und in Öl evtl. in 2 Pfannen braten und vorsichtig warm stellen.
- Etwas von dem Bratöl anschliessend aufbewahren.
- Den Lauch in etwas Butter anziehen.
- Den Blattspinat auf vorgewärmter Platte oder Teller zu einem Sockel anrichten.
- Die Fischfilets im Kreis anrichten.
- An sich gegenüberliegenden Stellen die Tomaten, die Champignons und den Lauch zu kleinen Bouquets anrichten. Bei einer Platte kann man dies auch in Portionengrösse für jeden Gast arrangieren, so dass sich ein schönes, farbiges Bild ergibt.
- Zum Schluss das aufbewahrte Bratöl nochmals vorsichtig erhitzen, die restliche Butter hinzugeben und die Mandeln goldbraun darin braten.
- Anschliessend die Mandeln mit der Butter über die Filets geben.

Fisch-Pie

Zutaten:
150 g Lachsfilet
150 g Felchenfilet
30 g Schalotten geschält und fein gehackt
2 El Weisswein
40 g Butter
Saft von 1 Zitrone
100 g gemischte Gemüsestreifen fein geschnitten (Karotten, Lauch, Sellerie)
200 g Blätterteig (fertig gekauft)
1 frisches Ei (Eigelb wird benötigt)
Salz und Pfeffer

Zubereitung:
- Die beiden Fischfilets in 1 cm grosse Würfel schneiden.
- Mit Zitronensaft, Salz und Pfeffer marinieren.
- Die Gemüsestreifen kurz in kochendes Salzwasser geben, einmal aufkochen lassen und sofort abschütten.
- Backofen auf 180–200° vorheizen.
- In etwa 1 Tl Butter die Schalotten anziehen, die Gemüsestreifen hinzugeben und ebenfalls kurz mitdünsten lassen, mit Salz und Pfeffer etwas nachwürzen.
- Eine feuerfeste Form (ca. 20 cm Durchmesser oder kleinere Portionenförmchen) ausbuttern.
- Die marinierten Fischwürfel sowie die Gemüsestreifen darin verteilen.
- Den Weisswein darüber geben.
- Das Eigelb mit ein paar Tropfen Wasser aufschlagen und mit einem Teil davon mit einem Pinsel den Rand der Form gut einstreichen.
- Den Blätterteig 2 mm dick ausrollen.
- Den ausgerollten Blätterteig nun etwas straff über die Form legen und etwa 2 cm unterhalb des Randes abschneiden.
- Den Teig nun gut am Rand der Form andrücken.
- Mit dem restlichen Eigelb diesen Teigdeckel ebenfalls einstreichen.
- Die Form nun auf der mittleren Schiene in den vorgeheizten Ofen geben und etwa 15–18 Minuten – bei kleineren Formen zwischen 12 und 15 Minuten – backen.
- Das Gericht aus dem Ofen nehmen und heiss servieren.

Fisch zum Abschied

Anfang 1994 nahm einer der beliebtesten, manchmal auch einer der kurligsten unserer Branche Abschied von seinem Hotel, einem Hotel und Restaurationsbetrieb, der genau dort am Spalebärg stehen musste, um Erfolg zu haben. Der Insider in Basel ahnt, um wen es sich handelt. Otti Baeriswyl verliess nach 20 Jahren treuen Diensten sein Hotel Basel, seinen Sperber, die Münz, das Lisettli-Stübli und den Basler Keller.

Das Sperberkollegium beauftragte – als eine der Abschiedsfestivitäten – 9 Hotels der 4- und 5-Stern-Kategorie, «Otti» und rund 80 Gästen einen Querschnitt aus der Basler Gastronomie zu präsentieren. Dies auch mit dem Hintergedanken, ihn als «Erfinder» der vielfach geschätzten 8-Gang-Menus im Basler Keller zu würdigen. Ehrensache, dass das Fischrestaurant «Café Spitz» zu «seinem» Fischgang kam. Et voilà – hier ist em Otti sy dritte Gang *(Original-Text der Menukarte)*, der wie auf unserer Aufnahme, auf einem schwarzen Teller angerichtet und mit einem Chateauneuf-du-Pape, *blanc*, Vignoble Fabre 1989, serviert wurde.

Zander- und Saiblingfilet in Petersiliensauce

Zutaten:
300 g Saiblingfilet ohne Haut
300 g Zanderfilet ohne Haut
50 g Schalotten geschält, gehackt
Saft von 1 Zitrone
100 g Butter
1 dl Weisswein
2 dl Fischfond
1 dl Rahm
250 g Peterli
50 g Zwiebelsprossen
Salz und Pfeffer

Zubereitung:
- Die Fischfilets mit Zitronensaft, Salz und Pfeffer marinieren.
- Eine feuerfeste Form mit Butter bestreichen und die Schalotten darüberstreuen.
- Den marinierten Fisch darauflegen, mit Weisswein und Fischfond begiessen.
- Im vorgeheizten Ofen bei 180° ca. 5–8 Minuten pochieren.
- Den gegarten Fisch warm stellen.
- Den Fischfond passieren und in einem Kochgeschirr auf ein Drittel reduzieren.
- In der Zwischenzeit die Petersilie im Mixer ganz fein mixen und evtl. nochmals durch ein Sieb streichen.
- In den reduzierten Fond den Rahm geben und die Sauce aufkochen lassen, etwas Zitronensaft beifügen.
- Zum Schluss die fein pürierte Petersilie unter die Sauce mischen.
- Die Sauce nicht mehr kochen lassen, damit die schöne kräftige Farbe erhalten bleibt.
- Auf vorgewärmten Tellern nun die Sauce verteilen und die Fischfilets darauf anrichten.
- Mit den Zwiebelsprossen ausgarnieren.

Saisonsalat mit Fischstreifen

Zutaten:

300 g diverse Fischfilets
(Egli, Felchen, Zander, Lachs)
0,25 dl Öl
50 g Mehl
50 g Schalotten geschält
und fein gehackt
Saft von 1 Zitrone
100 g Tomaten geschält,
entkernt und in feine Würfel
geschnitten
4 El Baumnussöl
4 El Balsamico-Essig
400 g Saisonsalate
Kerbel, Schnittlauch, Salz und
Pfeffer nach Geschmack

Zubereitung:

- Die Fischfilets in längliche Streifen schneiden, mit Zitronensaft, Salz und Pfeffer marinieren.
- Den Salat rüsten, gut waschen und abtropfen lassen.
- Die gehackten Schalotten mit dem Balsamico-Essig, dem Baumnussöl, Salz und Pfeffer gut vermischen.
- Je nach Geschmack ein paar Tropfen Wasser dazugeben, falls der Essig Ihnen zu stark ist.
- Am Schluss die Tomatenwürfelchen dazugeben.
- Nun die marinierten Fischfilets gut mehlieren und abklopfen.
- Das Öl in der Pfanne erhitzen und die Filetstreifen gut verteilt in die heisse Pfanne geben.
- Vorsichtig wenden, damit die Streifen möglichst ganz bleiben.
- Den Salat auf einem Teller anrichten, die Sauce darübergeben. Die Fischstreifen auf dem Salat verteilen.
- Mit Kerbel und Schnittlauch bestreuen.

Variante:

- Bevor Sie die Salatsauce auf den Salat geben, können Sie auch zuerst die Fischstreifen auf den unangemachten Salat verteilen und anschliessend Fisch *und* Salat mit der Sauce übergiessen.

Fisch «Sweet and sour»

Zutaten:
600 g Fischfilets gemischt nach Ihrer Wahl
Saft von 1 Zitrone
0,5 dl Öl
1 El Kartoffelstärke (Fécule)
1 Zwiebel geschält
1 Lauch
1 Karotte mittelgross bis gross
1 El Honig
1 dl Weisswein
2 El Essig
1 dl Sojasauce
2 dl Fischfond
Salz und Pfeffer

Zubereitung:
- Die Fischfilets mit Zitronensaft, Salz und Pfeffer marinieren.
- Den Lauch halbieren und gut waschen.
- Karotte und Zwiebel schälen.
- Die Karotte längs in dünne Scheiben schneiden, diese nochmals in der Länge dritteln oder halbieren und dann daraus ca. 1 cm grosse Blättchen schneiden.
- Mit dem Lauch, soweit dies nach innen möglich ist, ebenso verfahren und auch die Zwiebel halbieren und die einzelnen Schichten in ähnlich grosse Blätter verarbeiten.
- Den marinierten Fisch mehlieren und im erhitzten Öl sautieren und anschliessend warm halten.
- In der Reihenfolge Karotte, etwas später die Zwiebel und dann die Lauchblätter ebenfalls in einer Pfanne mit etwas Butter oder Öl leicht anbraten.
- In der Zwischenzeit mit ein wenig Weisswein die Kartoffelstärke auflösen.
- Mit dem restlichen Weisswein das Gemüse in der Pfanne ablöschen und sofort den Honig und den Essig beifügen.
- Danach den Fischfond hinzugiessen, mit der aufgelösten Kartoffelstärke abbinden und bei nicht allzu grosser Hitze weichkochen lassen.
- Ist dieser Punkt erreicht, die Fischfilets vorsichtig in diese Sauce geben und kurz darin ziehen lassen.
- Auf vorgewärmte Teller oder Platte legen Sie nun die Filets, geben das Gemüse darüber und übergiessen alles mit der Sauce.

Anmerkung:
Die Sojasauce kann beliebig nach Geschmack beigefügt werden. Bitte beachten Sie, dass die Sojasauce salzhaltig ist.

Fischfondue

Anlässlich des Jubiläums 150 Jahre Café Spitz im Jahr 1991 wurde das Fischfondue als Monatsaktion im Januar zum sagenhaften Preis von Fr. 18.41 pro Person serviert. Fr. 18.41 war gleichzusetzen mit der Jahreszahl der Eröffnung.

Zutaten:
600 g verschiedene Fischfilets ohne Haut und Gräten (Forelle, Egli, Lachs, Zander, Felchen u.ä.)
1 l klaren Fischfond, aber nur leicht gesalzen
Lauch, Fenchel, Karotten, eingeweichte China-Pilze
Tomatenwürfel von geschälten und entkernten Tomaten
Die Mengenangaben der Gemüse richten sich ganz nach Ihrem Appetit
Salz und Pfeffer
Einige Safranfäden

Bemerkungen zu den Zutaten:
Prinzipiell können Sie an Fisch eigentlich alles nehmen, was sich zum Pochieren eignet. Auch Krustentiere wie Scampi, Crevetten aller Art, Hummerfleisch, aber auch Schalentiere, wie St. Jakobsmuscheln, Miesmuscheln etc. können ganz nach Lust und Laune (und Portemonnaie) verwendet werden.
Wer will, kann seine Garnituren und seine Gäste mit einem Hauch von Luxus verwöhnen. Ein kleines Schälchen mit Kaviar sorgt sehr rasch dafür.
So eignen sich diverse kalte Saucen auf Basis einer Mayonnaise als Beilage, Sahnemeerrettich darf ebensowenig fehlen, wie vielleicht ein wenig Holländische Sauce, die es aber auf einem kleinen Rechaud warm zu halten gilt. Ist so ein Rechaud vorhanden, kann man diverse andere warme Saucen dazu servieren, die aus einer Ableitung der weissen Fischvelouté hergestellt werden.
Sie sollten aber nicht allzu dickflüssig sein, denn durch das Auskühlen geschieht dies fast ein wenig von selbst.
Als Garnitur eignen sich zum Aufnehmen von Saucen weniger die Pommeschips, besser ist hier das Kroepoek, dessen Basis ja ebenfalls der Fisch ist.
Als hervorragende Beilage schlagen wir Ihnen den Basmati-Reis vor, der durch eine gewisse Parfümierung seine eigene Note zu diesem Gericht mitbringt.
Zum «Angeln» der Fischstückchen aus dem Caquelon eignen sich die kleinen Messingsiebchen, die man vom Fondue Chinoise her kennt. Damit sind Sie auch davor gefeit, dass man Sie mit dem Bezahlen der nächsten Flasche Wein «bestraft», weil Ihr Stückchen Fisch den Weg zurück ins Caquelon und nicht auf Ihren Teller gefunden hat.

Zubereitung:
- Die Gemüse rüsten und waschen.
- Den Fenchel und die Karotten in feine Scheiben schneiden.
- Den Lauch in etwa 3–4 cm grosse Stücke teilen und diese anschliessend halbieren und in feine Streifen (Julienne) schneiden.
- Die Pilze je nach Grösse etwas zerkleinern.
- Die Fischfilets in etwa 2 cm grosse Stücke zerteilen und entweder auf einem separaten Teller portionenweise oder auf einer Platte – nach Sorten getrennt – anrichten und kalt stellen.
- Nun sämtliche Gemüse in einem Kochgeschirr mit dem Fischfond auffüllen und langsam sieden lassen. Kurz vor dem Garwerden in ein Caquelon (Fondue Bourguignonne oder ähnliche) umleeren und auf dem Rechaud weiter ziehen lassen.
- Nun bringen Sie Ihre mehr oder weniger reiche Auswahl an Saucen und Garnituren auf den Tisch, ebenso die Auswahl Ihrer Fische und los geht es mit einem unterhaltsamen und erst noch leichten Fischmahl.

Zum Schluss kann man dann den Gästen die überaus kräftige Fischsuppe servieren.

Hausgemachte Fischravioli

Zutaten Ravioliteig:

250 g Mehl
2 Eier
3 El Wasser
1 Tl Öl
Salz und Pfeffer

Zubereitung Ravioliteig
- Mit dem Mehl in der Schüssel einen Kranz formen.
- Die restlichen Zutaten nach und nach dazugeben und jede für sich mit dem Mehl verarbeiten.
- Den Teig gut rühren und kneten und ca. 1 Std. ruhen lassen.

Zutaten Fischfüllmasse:
100 g Zander oder Lachs ohne Haut und Gräten, auch eine Mischung von beiden Fischen ist möglich
0,75 dl Rahm
1 Ei (Eiweiss davon, wird je nach Konsistenz der Farce benötigt)
2 Tl frische Kräuter gehackt (Dill, Kerbel, Petersilie)

Zutaten Sauce:
1,5 dl Fischvelouté
0,5 dl Rahm
2 Tomaten geschält, entkernt und in kleine Würfel geschnitten
1 Tl frische Kräuter gehackt
50 g Reibkäse (Sbrinz)

Zubereitung:
- Die gut gekühlten Fischfilets in kleine Würfel schneiden, salzen und pfeffern.
- Im Mixer fein pürieren und anschliessend durch ein Sieb streichen.
- Den Rahm nach und nach dazumischen und gut verrühren.
- Evtl. noch das Eiweiss beimischen.
- Die Kräuter dazugeben und abschmecken.
- Den fertigen Ravioliteig nun auf einem, mit Mehl bestäubten Tisch oder einer Steinplatte in 2 gleichmässige Teile dünn ausrollen.
- Je nachdem in welcher Form Sie die Ravioli ausstechen wollen, den Platz für die Farce bestimmen. Schön wäre, wenn Sie eine Fischform zur Verfügung hätten. (Aber Achtung, nicht grösser als 3 cm lang und 2 cm breit, sonst sehen sie nachher nicht schön aus.)
- Nun mit einem Teelöffel die Farcehäufchen in gleichmässigen Abständen auf dem Teig verteilen.
- Die Zwischenräume mit Wasser befeuchten und die 2. Hälfte des Teiges vorsichtig über die Farce legen und leicht in den Zwischenräumen andrücken.
- Mit dem gewünschten Ausstecher (oder Teigrädchen) nun die Ravioli ausstechen und die Teighälften gut andrücken.
- In der Zwischenzeit die Fischvelouté aufkochen, den Rahm beifügen und etwas einkochen lassen, abschmecken, die Tomatenwürfelchen und die gehackten Kräuter dazugeben. Nochmals aufkochen lassen.
- In eine Kasserolle mit viel, aber nur leicht gesalzenem und kochendem Wasser die Ravioli vorsichtig hineinlegen und bei nicht allzu grosser Hitze leicht kochen und garziehen lassen (ca. 5–8 Min.).

Quiche mit Süsswasserfischen

- Sind die Ravioli fertig, sie (für sofortigen Gebrauch) mit heissem Wasser abspülen und in etwas Butter kurz schwenken und würzen. (Sonst kalt abspülen und in einem flachen Geschirr aufbewahren.)
- Die warmen Ravioli in ein feuerfestes Geschirr geben, mit der Sauce übergiessen und mit Reibkäse (Sbrinz) bestreuen.
- Im Ofen unter dem Grill oder Salamander gratinieren und sofort servieren.

Hinweis:
In Fachgeschäften erhalten Sie Raviolibretter, in die Vertiefungen eingelassen sind. Diese ebenfalls mit Mehl bestäuben, den Teig darüberlegen und die Vertiefungen bis zum Rand mit Farce füllen. Dann wie bereits beschrieben fortfahren.

Zutaten:
300 g verschiedene Fischfilets ohne Haut und Gräten
350 g Blätterteig oder geriebener Teig (Fertigprodukt)
2 frische Eier
Saft von 1 Zitrone
1,5 dl Rahm
1 dl Milch
150 g Champignons
150 g Lauch
Salz und Pfeffer, evtl. Cayennepfeffer
Einige Dillzweige zum Garnieren

Zubereitung:
- Den Teig ausrollen und auf ein gefettetes Backblech legen.
- Den Backofen auf 220° vorheizen.
- Die Fischfilets in kleine Würfel von ca. 20 g schneiden und mit Salz, Pfeffer und Zitronensaft marinieren.
- Den Lauch halbieren, gut waschen, in 1 cm breite Streifen und dann in quadratische Blättchen schneiden.
- In einem Kochgeschirr leichtes Salzwasser im Verhältnis zur Menge des Lauches aufkochen und die Lauchblätter darin einmal kurz aufkochen lassen, auf ein Sieb abschütten und mit kaltem Wasser übergiessen.
- Bei den Champignons – falls vorhanden – die sandigen Füsse abschneiden, die Pilze gut waschen und der Länge nach in Scheiben schneiden.
- Alle diese Zutaten nun gut gemischt auf dem Teig verteilen.
- Eier, Milch, Rahm mit Salz und Cayennepfeffer aufschlagen und würzen. Die Flüssigkeit über die Wähe giessen.
- Diese Quiche nun im Ofen ca. 20 Minuten backen. Sie kann anschliessend warm oder kalt serviert werden.

Tagliatelle mit Fischstreifen und Safranrahmsauce

Zutaten:
600 g Fischfilets ohne Haut und in Streifen geschnitten
Saft von 1 Zitrone
Salz und Pfeffer
80 g Mehl
0,5 dl Öl
80 g Butter
250 g Tagliatelle
2 dl Fischvelouté
0,5 dl Fischfond
1 Messerspitze Safranpulver
0,5 dl Rahm
1 Tl Leinsamen

Zubereitung:
- Die Tagliatelle in viel Salzwasser «al dente» kochen, abschütten und mit kaltem Wasser abspülen.
- Die Fischfilets in 1 cm breite Streifen schneiden, marinieren mit Zitronensaft, Salz und Pfeffer.
- Die Fischvelouté aufkochen, evtl. mit etwas Fischfond verdünnen und durch ein Sieb passieren.
- Den Rahm dazugeben, nochmals aufkochen lassen. Safranpulver der Sauce beifügen.
- Die Fischstreifen mehlieren.
- Öl und etwas Butter in einer Pfanne erhitzen.
- Die Fischstreifen darin sautieren und vorsichtig wenden.
- Die Tagliatelle nun erhitzen. (Tip: Am einfachsten die Teigwaren nochmals in wenig kochendes Salzwasser mit etwas Fettstoff geben, und sofort wieder auf ein Sieb schütten. Dann in Butter wenden und würzen.)
- Die Tagliatelle als Sockel in der Mitte von vorgewärmten Tellern anrichten; die Fischstreifen darauf verteilen.
- Die Safransauce um die Teigwaren herum auf den Teller giessen.
- Am Schluss Leinsamen über den Fisch streuen.

Ein Unikat – so darf diese handbemalte Meermuschel bezeichnet werden. Dieses Souvenir der Schweiz. Fischerei-Ausstellung aus dem Jahr 1891 wurde uns für unsere Dekoration von Erwin Freiburghaus zur Verfügung gestellt.

Fischlasagne

Zutaten:
600 g Fischfilets gemischt
200 g Lasagne
(grün oder weiss)
3 dl Fischvelouté
1 Tomate geschält, entkernt und in feine Würfel geschnitten
50 g Schalotten geschält und fein gehackt
0,5 dl Olivenöl
50 g Parmesan gerieben
25 g Butter
4 Blätter Basilikum
Salz und Pfeffer
1 Zitrone, Saft davon

Fisch-Pot-au-feu

Zubereitung:
- Lasagne in kochendem Salzwasser «al dente» kochen, abschütten und in kaltes Wasser legen.
- Die Fischfilets mit Salz, Pfeffer und Zitrone marinieren.
- Olivenöl erhitzen und die fein gehackten Schalotten kurz dünsten und die Tomatenwürfelchen beifügen.
- Mit Salz und Pfeffer abschmecken.
- Die Fischvelouté aufkochen und abschmecken.
- Eine feuerfeste Form mit Butter bestreichen und den Boden mit einer Schicht abgetrockneter Lasagneblätter belegen.
- In einem zweiten Schritt nun eine Schicht Fischfilets darüberlegen.
- Dann mit einer weiteren Schicht Lasagneblätter und Fisch die Form auffüllen.
- Die Fischvelouté darübergiessen.
- Zuoberst die Tomatenwürfelchen und den Parmesankäse über die Lasagne verteilen.
- Die Lasagne nun im vorgeheizten Ofen bei 180° fertigbacken. Dauer ca. 15 Minuten.
- Kurz vor dem Servieren die Basilikumblätter als Garnitur auf die Lasagne legen.

Poisson à la Française

Zutaten:
600 g gemischte Fischfilets ohne Haut und Gräten
1,5 l Fischfond
150 g Fenchel
150 g Lauch
100 g Karotten
100 g Kohlrabi
100 g Adzuki Bohnen*
(* = im Reformhaus)
100 g Sojabohnen*
Salz und Pfeffer
Gehackte Kräuter nach Wahl

*) Die beiden Bohnensorten bitte am Abend vorher in kaltem Wasser einweichen.

Zubereitung:
- Die eingeweichten Bohnen abschütten und separat in *nicht* gesalzenem Wasser kochen.
- Erst nach dem Garwerden leicht salzen.
- Sämtliches Gemüse waschen und rüsten.
- Blätterartig (ca. 1,5 cm gross) schneiden.
- In kochendem Wasser kurz aufkochen lassen und abschütten.
- Den Fischfond aufkochen, das abgeschüttete Gemüse sowie die Bohnen hinzugeben und langsam garen.
- Bitte achten Sie darauf, dass der Fischfond durch zu starkes Kochen nicht trüb wird.
- Abschmecken und die Fischstücke vorsichtig in dieser Suppe ca. 5 Min. pochieren.
- Vorsichtig in einen Suppentopf geben und mit feingehackten Kräutern bestreuen.

Varianten:
Dazu würde sich ein knuspriges Knoblauchbrot oder Brotcroûtons am besten eignen. Ausserdem können Sie natürlich Salzkartoffeln dazu servieren, so dass Sie eine sättigende Mahlzeit erhalten.

Gemischte Fische auf Couscous-Griess

Zutaten:
600 g div. Fischfilets
(Zander, Egli, Wels, Lachs)
0,5 dl Öl
50 g Mehl
Saft von 1 Zitrone
200 g Couscous-Griess
1 El Olivenöl
25 g Rosinen
(in kaltem Wasser einweichen)
150 g Karotten geschält
150 g Rübkohl geschält
2 dl Gemüsefond
(Fertigprodukt)
2 dl Wasser
Salz und Cayennepfeffer

Zubereitung:
- Die Fischfilets marinieren.
- Den Couscous-Griess mit Olivenöl und etwas Salz gut vermischen.
- 2 dl Wasser aufkochen und nach und nach in den Griess geben. Den Griess in einer Schüssel stehen lassen.
- Die Karotten und den Rübkohl in Stäbchen schneiden (ca. 3 cm lang) und separat im Gemüsefond zugedeckt kochen.
- Die Fischfilets mehlieren und abklopfen.
- Im Öl goldbraun braten und warm halten.
- Den Griess mit Butter in einer Kasserolle erhitzen. Unter ständigem Rühren mit einer Gabel eine eventuelle Klumpenbildung verhindern.
- Den erhitzten Griess auf einer vorgewärmten Platte oder Teller anrichten und den Fisch sternförmig darüber legen.
- Ebenfalls das Gemüse und den Gemüsefond über den Fisch geben.
- Zum Schluss noch die eingeweichten und gut ausgedrückten Rosinen darüber streuen.

Fischnavarin (Fischeintopf)

Zutaten:
200 g Lachsfilets
200 g Felchenfilets
200 g Eglifilets
0,5 dl Öl
50 g Mehl
3 dl Gemüsefond
(Fertigprodukt)
2 Karotten (mittlere Grösse) geschält
2 Kohlrabi geschält
2 Tomaten
6–8 Perlzwiebeln
20 g Tomatenmark
1 Knoblauchzehe, geschält und gepresst
20 g Schalotten, geschält und gehackt
400 g Kartoffeln geschält
Gemischte gehackte Kräuter
Salz und Pfeffer
Saft von 1 Zitrone

Zubereitung:
- Die Karotten, die Kartoffeln und den Kohlrabi in 2–3 cm grosse Stäbchen (Durchmesser ca. 1 cm) schneiden und separat kochen.
- Den Fisch mit Salz, Pfeffer und Zitronensaft marinieren.
- Etwas Öl erhitzen und die Schalotten darin kurz dünsten.
- Die in groben Stücken geschnittenen Tomaten sowie das Tomatenmark dazugeben.
- Die Knoblauchzehe und den Gemüsefond beifügen.
- Zugedeckt ca. 10 Min. garen.
- Danach diese Mischung durch ein Passevite passieren.
- Den Fisch mehlieren, abklopfen und im erhitzten Öl goldbraun braten.
- Das gegarte Gemüse sowie die Kartoffeln in die Tomatensauce geben, mit Salz und Pfeffer abschmecken.
- Den Fisch auf vorgewärmten Suppentellern anrichten und mit dem Gemüse und der Sauce überdecken.
- Mit gehackten Kräutern bestreuen.

Basler Fischfriture

Wir bringen Ihnen dieses Rezept in Textform ohne genaue Angaben und mit dem Wissen, dass es mit den genannten Fischen in dieser Form selten hergestellt werden kann. Im Vorteil sind da wohl unsere Galgenfischer, denen mit ihren Galgen dann und wann so eine gemischte «Sammlung» an Fischen ins Netz geht. Ausserdem, was so ein echter Basler Galgenfischer ist, der hat für jedes «Guufekissi-Mähli» sein eigenes Rezept, das – natürlich – im Fischergalgen am besten schmeckt und über dessen Details – natürlich – strengstes Stillschweigen bewahrt wird. Dieses Rezept hat für uns ein wenig Symbolcharakter. Drehen wir die Zeit zurück und begeben wir uns in das Jahr 1986, genauer auf den 1. November. Damals geschah unserem Rhein etwas, das weitreichende und positive Folgen haben sollte. Ein Unglücksfall bedrohte Fauna und Flora und Extremisten erklärten den Fluss auf Jahre hinaus für tot.

8 Monate später sollte genau derselbe Fluss ein Markenzeichen für unser Fischkonzept sein. Wir wagten am Erfolg sehr zu zweifeln und sahen Flüsse wie die Elbe (speziell im Osten) und andere, die mehr oder weniger vergiftet sind. Die Lust am Fisch drohte zum Frust zu werden und auch die Fischerzunft, die just an diesem Samstag ihr Zunftmähli abhielt, war eher bedrückt als fröhlich. Anfangs Sommer brachte uns ein uns bekannter Fischer in einem Fass etliche Kilos von prächtigen Exemplaren der schönsten Weissfische: Barben, Brachsen, Nasen und Alets, alle von kräftigem Wuchs und sie fühlten sich rasch in unseren Bassins heimisch. Wir könnten die verkaufen, meinte der gute Mann, obwohl der 1. Nov. bei vielen noch immer eine gewisse Aktualität besass. Als Noch-Laien waren wir auf Zubereitungstips natürlich angewiesen, wir hatten noch nie mit «Guufekissi» (Nadelkissen, so der Übername für die äusserst grätenreichen Weissfische) gearbeitet. Nachdem die Fische lange genug gewässert waren, wurde in der Küche geschuppt wie lätz und filetiert was das Zeug hielt. Anstatt den gewohnten Querschnitt anzuwenden, schnitten wir die Filets in fingerlange Längsstreifen, was die gefürchteten und noch vorhandenen Gräten zu millimetergrossen Stückchen degradierte, die man ohne weiteres geniessen konnte. Gut gewürzt mit Kräutersalz, Pfeffer und Zitronensaft, mit Worchestersauce und frischen, gehackten Kräutern wurden die Weissfische dann mehliert und in der 180° heissen Friture knusprig gebacken. Eine Variante besteht darin, dass man sie im Bierteig ausbäckt. Auf dem Teller angerichtet, mit einer halben Zitrone garniert und mit Salzkartoffeln und einem frischen gemischten Salat – ein wunderbares Fischmahl. Dazu noch ein kräftiger kühler Weisswein – es muss wirklich nicht immer Kaviar sein ... «Guufekissi» können ebenso hervorragend schmecken. Wir staunten! Mit einem Extra-Menüblatt und genauer Herkunftsbezeichnung (aus dem Rhein) versehen, gingen die Weissfische weg wie «warme Weggli».

Ach übrigens, man sagt, der Rhein sei bei Basel so sauber wie noch nie in diesem Jahrhundert!

Matelotte nach Elsässer Art

Zutaten:
330 g Aal
200 g Hechtfilet
150 g Schleienfilet
150 g Eglifilet
60 g Butter
1 El Zwiebeln
1 El Mehl
1 El Schalotten
1 dl Rahm
Saft von 1 Zitrone
4 dl Weisswein
1 dl Fischfond
50 g Perlzwiebeln
100 g Champignons
1 Knoblauchzehe
2 Scheiben Toastbrot/schräg halbiert
1 El Gewürzmischung
(Petersilie, Thymian, Lorbeer) in etwas Stoff einbinden ideal wäre auch ein Tee-Ei
1 Tl gehackte Petersilie
Salz und Pfeffer
1 cl Cognac

Vorbereitung:
Etwa 20 g Butter und gleichviel Mehl gut miteinander vermischen. Das Produkt wird dann Mehlbutter oder Beurre manié genannt und dient zum nachträglichen Binden von einer Flüssigkeit.

Zubereitung:
- Den Aal in 50–60 g schwere Stücke schneiden.
- Die übrigen Filets ebenfalls in gleichgrosse Stücke schneiden (Beispiel: Wie beim Zerlegen eines Fisches erklärt).
- Etwas Butter in einem flachen Kochgeschirr, (das genügend Platz für alle Fische bietet, ohne dass sie allzu fest übereinander liegen) erhitzen und die Zwiebeln und und die Schalotten glasig dünsten.
- Die Aalstücke in das Geschirr geben und den Cognac dazugiessen, ebenso 4 dl Weisswein und 1 dl Fischfond.
- Das Gewürzsäcklein oder Tee-Ei beifügen und das Ganze mit Haushaltpapier und einem Deckel verschliessen.
- Im Ofen oder auf der Herdplatte ca. 10 Min. pochieren (Bei nicht zu starker Hitze).
- Während dieser Zeit die geschälten Perlzwiebeln mit einer Prise Salz und etwas Butter in ein flaches Kochgeschirr geben.
- Die Zwiebeln mit Wasser knapp auffüllen und mit einer Haushaltfolie oder Butterpapier bedecken und sieden, bis die Flüssigkeit verdunstet ist. Die Zwiebeln sind dann weich gekocht.
- In einem weiteren Kochgeschirr etwas Butter, ½ dl Wasser, einige Tropfen Zitronensaft und eine Prise Salz zum Siedepunkt bringen und darin die gerüsteten Champignons ca. 5 Min. garen.
- In das Kochgeschirr, in dem die Aalstücke garen, nun die anderen Fischfilets verteilen und weitere 8–10 Minuten pochieren. (Die Aalstücke benötigen insgesamt ca. 18–20 Minuten).
- Nach dieser Zeit die Fische aus dem Kochgeschirr nehmen und auf einer vorgewärmten Platte mit tiefem Rand anrichten.
- Über den Fisch nun die Perlzwiebeln und die Champignons verteilen.
- Den Fischfond nun um ⅓ reduzieren und mit der vorbereiteten Mehlbutter abbinden und ca. 15 Min. leicht kochen lassen (dadurch wird der Mehlgeschmack weitgehendst eliminiert).
- Nun mit Rahm und Zitronensaft die Sauce verfeinern und durch ein Sieb über den Fisch giessen.
- Aus den halbierten Toastscheiben nun 4 Herzen schneiden und diese in der Pfanne oder im Toaster kurz goldbraun färben und die Platte damit gefällig garnieren.
- Zum Schluss über die fertige Matelotte noch die gehackte Petersilie streuen.

Wenn es Spargeln gibt ... servieren Sie Ihren Lieblingsedelfisch einmal damit!
Fischfilets mit Spargeln überbacken

Zutaten:
600 g Fisch Ihrer Wahl und nach der Saison
50 g Schalotten geschält und fein gehackt
50 g Butter
0,5 dl Fischfond
2 dl Fischvelouté
0,5 dl Holländische Sauce
0,5 dl Rahm steif geschlagen
800 g gekochte grüne oder weisse Spargeln
(wenn frisch gekocht, dann im Fond warm halten)
Saft von 1 Zitrone
Salz und Pfeffer

Zubereitung:
- Den Fisch marinieren mit Zitrone, Salz und Pfeffer.
- Ein flaches Kochgeschirr mit Butter ausstreichen und die Schalotten dazugeben.
- Den Fisch auf die Schalotten legen und mit Fischfond begiessen.
- Auf der Herdplatte oder im Ofen bei 180° zugedeckt ca. 8–10 Min. pochieren.
- Warm stellen.
- Fischvelouté aufkochen.
- Die Holländische Sauce vorsichtig darunter ziehen und mit geschlagenem Rahm auflockern.
- Die Spargeln gut auf saugfähigem Haushaltspapier oder einer Stoffserviette abtropfen. Die Spargeln halbieren.
- Den Fisch nun auf einer Platte anrichten, die Spargeln darüber geben.
- Mit der Sauce übergiessen und unter dem Grill oder Backofen mit Oberhitze gratinieren.

Bitte beachten! Die Sauce verbrennt sehr rasch.

Max Kämpf, Fischziegel

Klare Basler Fischsuppe

Zutaten:

200 g Zanderfilets
20 g Olivenöl
40 g Lauch
40 g Fenchel
40 g Tomaten enthäutet, ohne Kerne und klein gewürfelt
1 El Petersilie gehackt
1 kl. Zehe Knoblauch fein gehackt
40 g Zwiebeln fein gehackt
1 l Fischfond
1 dl Weisswein
0,5 Gl Pernod oder Ricard (ca. 20 cl)
1 Prise Safranfäden
Salz, Pfeffer und/oder Cayennepfeffer
Einige Scheiben Pariserbrot (3 pro Person)

Zubereitung:

- Die Fischfilets in 1 cm breite Streifen schneiden.
- Das Gemüse waschen, rüsten und ebenfalls in feine Streifen schneiden.
- Knoblauch und Petersilie fein hacken.
- Das Olivenöl in einem Topf erhitzen.
- Lauch, Fenchel und Zwiebeln dazugeben und hell dünsten.
- Die Tomatenwürfel hinzugeben.
- Mit Weisswein ablöschen und den Fischfond hinzugeben.
- Wenn das Gemüse gar ist, die Fischstücke hinzugeben, etwas verteilen und in der Suppe noch ziehen lassen.
- Ist der Fisch gar, den gehackten Knoblauch hinzufügen.
- Mit Pernod oder Ricard parfümieren.
- Mit Salz, Pfeffer und etwas Cayenne abschmecken.
- Scheiben von Pariserbrot mit Knoblauch einreiben, toasten und dazu servieren.

Varianten:

- Sie können für diese Suppe auch andere Fische verwenden, die eine feste Konsistenz aufweisen. Lachs, Wels, Zander, Aal z.B. (Nicht geeignet sind Egli oder Forelle, die rasch zerfallen.) Bevorzugen Sie Meeresfische, sind auch diese durchaus verwendbar, allerdings müssen Sie vermehrt Gräten in Kauf nehmen.
- Wünschen Sie die Suppe mit etwas intensiverem Fischgeschmack, verwenden Sie dafür eine Fischconsommé, die Sie durch die Herstellung eines Fischfumets erhalten (siehe Rezept).
- Viele Freunde hat auch die gebundene Fischsuppe gefunden, deren Rezept wir Ihnen nachstehend angeben.
- Als Beigabe eignen sich ebenfalls Scheiben aus Pariserbrot, die Sie mit luftiger Knoblauchbutter bestreichen und unter dem Grill gratinieren.

83

Gebundene Basler Fischsuppe

Zutaten:
Die Zutaten entsprechen denjenigen der KLAREN BASLER FISCHSUPPE.
Hinzu kommen:
40 g Weissmehl
1 dl flüssiger Rahm

Zubereitung:
- Das Gemüse wie beschrieben dünsten und mit dem Mehl bestäuben und erkalten lassen. (Hinweis: Verarbeiten Sie eine heisse Mehlschwitze mit einem heissen Fond besteht die Gefahr von Klumpenbildung.)
- Nach dem Erkalten den warmen Fischfond hinzufügen.
- Die Suppe aufkochen und bei kleinem Feuer sieden lassen, bis das Gemüse gar ist.
- Den Rahm beigeben und zum Schluss die Fischstücke noch ziehen lassen.

Sauerkrautsuppe mit Zanderstreifen

Dieses Rezept ist unter Mitwirkung von Ursula Skrobucha entstanden. Ein Beweis, dass alle Rezepte auch privat hergestellt werden können und dass die Zubereitung von kreativen Fischgerichten gar nicht so schwer ist.

Zutaten für 4 Personen:
200 g Sauerkraut (roh)
1 l Gemüsebrühe
2,5 cl Weisswein
30 g Margarine oder Butter
2 El gehackte Zwiebeln
2 El Weissmehl
Je eine Messerspitze Salz, Pfeffer, Kümmel, Kerbel
1 Prise Leinsamen
80 g Zanderfilet
1 dl Rahm
Saft von 1 Zitrone

Zubereitung:
- Sauerkraut dreimal in kaltem Wasser waschen, gut ausdrükken und mit dem Messer leicht zerschneiden.
- Butter (20 g) in einer Pfanne leicht erhitzen, die gehackten Zwiebeln dazugeben und leicht dünsten.
- Das Sauerkraut beigeben und kurz mitdämpfen, mit einem Esslöffel Mehl bestäuben, mit Weisswein ablöschen und der Gemüsebrühe auffüllen und schwach würzen, dann ca. 40 Minuten kochen lassen.
- Rahm unter Rühren darunterziehen, abschmecken und mit dem gehackten Kümmel parfümieren.
- Zanderfilet in Streifen schneiden, mit Zitronensaft sowie Pfeffer und Salz würzen. Die Filetstreifen im restlichen Mehl wenden und Butter (10 g) goldgelb braten.
- Den Fisch in einen vorgewärmten Suppenteller geben, Cremesuppe darübergiessen und mit Kerbel sowie Leinsamen garnieren. Im Hotel Merian wird dazu der Weisswein Zunftwyy Epesses 1992 serviert, eine Empfehlung der E.E Zunft zu Fischern in Basel.

85

Fritierte Hechtstreifen mit Salbei

Zutaten:
600 g Hechtfilet
Saft von 1 Zitrone
100 g Mehl
40 g Salbei fein gehackt
Salz und Pfeffer
100 g Mayonnaise
1 Tl Senf
1 Becher Yoghurt nature

Zubereitung:
- Hechtfilet sehr schräg in Streifen schneiden, so dass allfällig vorhandene Gräten zu ungefährlicheren Stückchen zerkleinert werden.
- Diese Streifen mit Zitronensaft, Salz und Pfeffer marinieren.
- Das Mehl mit dem gehackten Salbei vermischen.
- Den Fisch darin wenden und abklopfen.
- In der Friture (Ölbad) bei ca. 180° knusprig backen.
- In der Zwischenzeit die Mayonnaise mit dem Yoghurt und dem Senf vermischen, mit Salz und Pfeffer abschmecken.
- Den gebackenen Fisch auf Haushaltpapier gut abtropfen lassen und auf Teller oder Platte anrichten.
- Die Sauce separat dazu servieren.

Hecht- und Lachsforellenterrine

Zutaten:
200 g Hechtfilet
200 g Lachsforellenfilet
3,5 dl Rahm
50 g Butter
Saft von 1 Zitrone
1 Tl Martini weiss
1 Tl Pastis
3 dl Fischvelouté
0,5 dl Fischfond
1 El Krebsbutter
(Fertigprodukt)
Salz und Pfeffer

Zubereitung:
- Beide gut gekühlten Fische separat im Mixer mit etwas Salz fein pürieren.
- Jeweils durch ein Sieb in getrennte Schüsseln streichen.
- Die Schüssel kalt stellen (evtl. Tiefkühler).
- Eine Fischsorte mit Martini und die andere mit Pastis parfümieren.
- Die Menge des Rahmes halbieren und langsam unter die beiden Massen ziehen.
- Mit Pfeffer und etwas Zitronensaft abschmecken.
- 4 feuerfeste Förmchen mit Butter auspinseln.
- Die weisse Farce des Hechtes in der Dicke von ½ cm in die Förmchen einstreichen, so dass der Rand und der Boden bedeckt sind. In der Mitte muss ein Loch frei bleiben.
- Mit der rosaroten Farce der Lachsforelle nun die Förmchen ausfüllen und glattstreichen.
- Eine ca. 8 cm hohe feuerfeste Bratform mit einer Schicht Haushaltspapier auslegen.
- Die Förmchen nun in das Geschirr stellen und dieses bis zur Hälfte mit heissem Wasser auffüllen.
- Auf der Herdplatte kurz aufkochen lassen und im Backofen bei ca. 150° 15–20 Minuten pochieren lassen.
- Unterdessen die Fischvelouté aufkochen lassen, die Krebsbutter beifügen.
- Den Rahm dazugeben, mit Salz und Pfeffer abschmecken und durch ein Sieb passieren.
- Die fertigen Terrinen auf saugfähiges Papier stürzen und anschliessend auf vorgewärmte Teller stellen. (Um dem Gericht noch ein attraktiveres Aussehen zu verleihen, schneiden Sie mit einem kleinen Messer ein viertel Segment aus der Terrine und legen dies flach vor der Terrine auf den Teller.
- Nun die fertige Sauce auf den Teller geben.

Roulade mit Lachsforelle und Hecht

Zutaten:
300 g Lachsforellenfilets
150 g Hechtfilets
2 dl Rahm
1 Tl Pastis
50 g Butter
3 dl Fischvelouté
1 l Fischfond
1 Tl Lavendelblüten
(saisonal bedingt)
Salz und Pfeffer
Saft von 1 Zitrone

Zubereitung:
- Die Lachsforellenfilets zwischen 2 Klarsichtfolien vorsichtig flach klopfen, so dass sie sich gut rollen lassen und sie überall eine gleiche Dicke aufweisen.
- Anschliessend die Filets mit Salz, Pfeffer und Zitronensaft marinieren.
- Die gut gekühlten Hechtfilets mit etwas Salz im Mixer fein pürieren.
- Durch ein Sieb in eine Schüssel streichen.
- Diese Schüssel samt Fisch kurz im Tiefkühler oder Kühlschrank kalt stellen.
- Nach dem Auskühlen mit Pastis parfümieren.
- Mit Pfeffer würzen und ca. 1,5 dl Rahm vorsichtig darunterziehen.
- Die geklopften Lachsforellenfilets nun mit der Hautseite nach oben eng aneinander auf eine neue Klarsichtfolie legen und die Hechtfarce gleichmässig aufstreichen.
- Nun ein Ende der Lachsforellenfilets mit der Folie anheben und die Filets eng einrollen, wobei die Folie nur als Hilfe zum Rollen verwendet wird.
- Zum Schluss die Klarsichtfolie um diese Roulade wikkeln.
- Mit einigen Messerstichen kleine Öffnungen in die Folie stechen.
- Den in Klarsichtfolie gewikkelten Fisch nun straff in eine Aluminiumfolie einwickeln.
- Die Roulade in den Fischfond legen und bei ca. 80° Hitze auf dem Herd vorsichtig pochieren. Wenn Sie ein Bratthermometer haben, können Sie leicht den Garpunkt kontrollieren, der bei 60° Kerntemperatur erreicht ist.
- Während dieser Zeit die Fischvelouté aufkochen, den restlichen Rahm dazugeben. Evtl. etwas Fischfond zum Verdünnen verwenden.
- Die Sauce abschmecken und zum Schluss die Lavendelblüten in die Sauce geben.
- Die Sauce auf vorgewärmte Teller giessen und die gegarte Roulade in Tranchen schneiden und auf den Tellern verteilen.

Anmerkung:
Sie können – um das Gericht bunter zu präsentieren – eine Hälfte der Farce mit Safran färben. Eine weitere Variante besteht darin, dass Sie die Filets mit blanchierten Spinatblättern belegen.

Karpfenstreifen an Rotweinsauce

Zutaten:
600 g Karpfenfilet ohne Haut
80 g Mehl
0,5 dl Öl
40 g Butter
50 g Schalotten geschält
und fein gehackt
100 g Gemüse in Brunoise
geschnitten
(Karotten, Sellerie, Lauch
in ganz feine Würfelchen
geschnitten)
1 dl trockener Rotwein
1 El Cognac
2 dl Demiglace
(Fertigprodukt, Bratensauce)
1 dl Fischfond
100 g Perlzwiebeln
Petersilie
(ganz für Garnitur)
Saft von 1 Zitrone
Salz und Pfeffer

Zubereitung:
- Karpfenfilet in ca. 1 cm breite Streifen schneiden.
- Mit Zitronensaft, Salz und Pfeffer marinieren.
- Die Gemüsewürfelchen in kochendes Salzwasser geben, einmal aufkochen lassen, abgiessen und abkühlen.
- Die Fischstreifen mehlieren und abklopfen.
- In Öl und etwas Butter goldbraun anbraten.
- Auf Haushaltspapier abtropfen lassen.
- In derselben Pfanne die Schalotten und die Gemüsewürfelchen dünsten.
- Mit Cognac ablöschen.
- Rotwein, den Fischfond und die Demiglace hinzugeben.
- Aufkochen lassen und abschmecken.
- Die fertigen Fischstreifen vorsichtig darin wenden.
- Am Schluss die vorgekochten Perlzwiebeln in Butter dünsten.
- Das Fischgericht in einer vorgeheizten Platte oder auf Tellern anrichten und die gedünsteten Perlzwiebeln als Garnitur über den Fisch geben. Mit etwas Petersilie ausgarnieren.

*Wenn der Teppichkäufer und der Teppichverkäufer Fischliebhaber sind und im «Spitz» Fischgerichte geniessen, ist das eine Seite! Wenn dann der Einkäufer in der Türkei diesen mit über 100 Fischen versehenen Teppich entdeckt, ihn kauft, nach Basel bringen lässt und findet dass **der** wie fürs Spitz geschaffen ist, dann zeigt das, wie sich Gäste mit dem Thema Fisch auseinandersetzen. Eben Ehrensache, dass **der** Teppich seinen Ehrenplatz hat.*

Karpfenfilets in Bierteig

Zutaten:
600 g Karpfenfilets
Saft von 1 Zitrone
100 g Mehl
Salz und Pfeffer
2 dl Milch
Petersilie zum Garnieren

Zutaten Bierteig:
250 g Mehl gesiebt
0,5 El Öl
2 Eier (Eiweiss)
1 Eigelb
3 dl Bier
1 Prise Salz

Zubereitung für den Teig:
- Das gesiebte Mehl in eine Schüssel geben und einen Kranz formen.
- Das Öl sowie das Eigelb und eine Prise Salz in die Mitte geben.
- Das Bier – von der Mitte aus beginnend – langsam nach aussen in das Mehl einrühren.
- Diesen Teig nun ca. 30 Min. ruhen lassen, damit er nicht gummiartig wird.
- Unterdessen das Eiweiss steifschlagen.
- ⅓ von diesem Eischnee nun in den Teig *einrühren*.
- Die restlichen ⅔ vorsichtig unter den Teig *ziehen*.

Zubereitung des Gerichtes:
- Die Karpfenfilets in ca. 1 cm breite Streifen schneiden.
- Ca. 1 Std. in die Milch einlegen. (Bitte beachten Sie die Zubereitungszeit des Teiges.) Das Einlegen in Milch bewirkt eine Verminderung des Trangeschmackes.
- Nun die Milch abschütten und die Fischfilets mit Zitronensaft, Salz und Pfeffer marinieren.
- Die Filets in Mehl wenden und abklopfen.
- Die Friture auf 180° erhitzen.
- Die Karpfenstreifen im Teig wenden.
- Die Filets sollten vor dem Backen vom Teig umgeben sein. Den überschüssigen Teig zwischen den Fingern abstreifen.
- Den Fisch nun vorsichtig in die heisse Friture einlegen und goldbraun ausbacken.
- Auf Haushaltspapier gut abtropfen lassen und auf vorgewärmter Platte anrichten.
- Tatarsauce (evtl. Fertigprodukt) dazu servieren.
- Mit Zitronenviertel und Petersilie garnieren.

Von diesem Gericht des gebakkenen Karpfens gibt es 3 Varianten, die über Europa verteilt sind. Da ist zunächst die BAYERISCHE ART, hier wird der Karpfen entweder halb oder in Viertel samt Gräten zunächst im Mehl gewendet, dann durch Bier gezogen und anschliessend nochmals im Mehl gedreht und gebacken. Zur Karpfensaison sind die «Aischgründer»-Karpfen eine beliebte Karpfenart in den bayerischen Orten.
Als nächstes wenden wir uns der SUNDGAUER ART zu. Bei dieser Zubereitungsart werden entweder viertel oder halbe Karpfen oder auch Streifen (alle mit Gräten) mehliert, durch ein aufgeschlagenes Ei gezogen und im Hartweizengriess paniert und ebenfalls gebacken.
Die dritte Variante ist die POLNISCHE ART. Diese Art der Zubereitung ist bei uns nicht so gefragt, denn der Karpfen wird anders als bei der Sundgauer Art in Panierbrot paniert und durch das Backen zieht das Brot naturgemäss sehr viel an Fett – resp. Öl – auf und es entsteht eine doch sehr kalorienreiche Mahlzeit.

Lachsforelle mit Mousseline

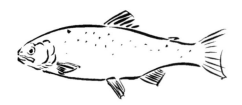

Zutaten:
650 g Lachsforellenfilets enthäutet
50 g Schalotten geschält und gehackt
50 g Butter
1,5 dl Weisswein
0,5 dl Fischfond
3 dl Fischvelouté
1,5 dl Rahm
Salz und Pfeffer
Saft von 1 Zitrone
20 g Alfalfasprossen (Reformhaus) oder Zwiebelsprossen
Evtl. einige Tropfen weissen Martini

Zubereitung:
- Die Filets in schöne Portionenstücke schneiden, die Spitzen und Endstücke (ca. 140 g Abschnitte werden für die Mousse benötigt) separat legen.
- Diese Abschnitte nun gut durchkühlen, leicht salzen und im gekühlten Zustand im Mixer fein pürieren (evtl. mit etwas Flüssigkeit).
- Das feine Fischfleisch anschliessend nochmals durch ein Sieb streichen.
- Das Gefäss mit der feinen Mischung auf Eis legen. (Achtung: Bei zu warmer Temperatur würde das Fischeiweiss gerinnen.)
- Den ebenfalls gut durchgekühlten Rahm vorsichtig unter die Fischmasse ziehen. (Evtl. mit ein paar Tropfen weissem Martini parfümieren.)
- Die Fischfilets mit Zitronensaft beträufeln, salzen und pfeffern.
- Die fertige Fischmasse nun dekorativ auf die Fischfilets streichen oder mit einem Dressiersack darauf spritzen.
- In einem flachen Kochgeschirr die Butter zergehen lassen und die Schalotten anziehen.
- Die Fischfilets darauf legen, mit Weisswein und Fischfond begiessen und ca. 10 Minuten zugedeckt pochieren. Die Filets warm halten.
- Während dieser Zeit die Fischvelouté aufkochen.
- ½ dl Weisswein dazugeben. Die Sauce um ¼ einkochen lassen.
- Die fertige Sauce können Sie nochmals mit etwas Rahm sämiger machen.
- Die Sauce auf heisse Teller giessen.
- Die Fischfilets vorsichtig darauf anrichten, mit den Alfalfa- oder Zwiebelsprossen garnieren.

Lachsforelle mit Gurken und Dillrahmsauce

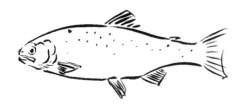

Zutaten:
600 g Lachsforellenfilets mit Haut
0,5 dl Öl
50 g Mehl
Saft von 1 Zitrone
2,5 dl Fischvelouté
0,5 dl Rahm
1 dl Fischfond
50 g Butter
1 Salatgurke
Einige Dillzweige
Salz und Pfeffer

Zubereitung:
- Lachsforellenfilets in 4 gleiche Stücke schneiden.
- Mit Zitronensaft, Salz und Pfeffer marinieren.
- Die Salatgurke schälen, halbieren und entkernen.
- Die Gurkenhälften in gleichmässige, etwa 2 cm grosse schräge Stücke schneiden.
- In einem Kochgeschirr etwas Butter erhitzen und die Gurkenstücke bei nicht allzu grosser Hitze darin dünsten.
- Die marinierten Fischfilets auf der Hautseite mehlieren und gut abklopfen.
- In einer Bratpfanne das Öl erhitzen.
- Die Filets nun auf der mehlierten Seite in die Pfanne geben und nicht zu heiss auf beiden Seiten braten und sie dann warm stellen.
- Die Fischvelouté aufkochen, evtl. mit Fischfond verdünnen und anschliessend mit Rahm verfeinern.
- Mit Salz und Pfeffer abschmecken und den gehackten Dill beifügen.
- Den Fisch auf vorgewärmte Teller oder Platte geben, mit den gedünsteten Gurken garnieren und die Sauce im Tellerinnern über den Fisch geben.

Lachs Basler Art

Zutaten:
600 g frisches Lachsfilet
(Atlantik Lachs)
1 dl Fischfond
1 dl Demiglace
(Fertigprodukt: braune
geb. Sauce)
1 dl trockenen Weisswein
0,5 dl Öl
1 Zwiebel geschält
(etwa mittelgross)
50 g Schalotten geschält
und fein gehackt
80 g Kochbutter
2 dl Rahm
80 g Weissmehl
Salz und Peffer
nach Geschmack

Garnitur:
Blätterteigfleurons und
Dillzweig

Zubereitung:
- Die gehackten Schalotten in etwas Butter anziehen, mit dem Weisswein auffüllen und bis zur Hälfte reduzieren lassen.
- Mit dem Fischfond und der fertiggestellten Demiglace auffüllen und nochmals etwas einkochen lassen.
- Das Lachsfilet in je 2 Tranchen pro Person schneiden.
- Mit Salz und Pfeffer würzen und im Mehl wenden.
- In einem flachen Kochgeschirr etwas Öl erhitzen und die Filets auf beiden Seiten kurz anbraten, das Öl abschütten.
- Die vorbereitete Sauce darübergeben und den Fisch in der Sauce bis zum Garpunkt schmoren.
- Unterdessen die Zwiebel in feine Scheiben schneiden und in etwas Butter bis zu einer dunkelblonden Farbe dünsten.
- Den Fisch auf Teller anrichten und warm stellen.
- Die Zwiebeln auf den Lachsfilets verteilen.
- Die Sauce durch ein feines Sieb passieren und mit dem Rahm auffüllen und vorsichtig aufkochen lassen.
- Die fertige Sauce mit ein paar Butterflocken sämiger machen und über die Fischfilets verteilen.
- Man serviert mit Salzkartoffeln und je nach Wunsch Gemüse (z.B. etwas Blattspinat) und garniert das Gericht mit den Blätterteigfleurons und dem Dillzweig.

Lachs Basler Art, ein Gericht bei dem sich – wie bei vielen anderen Dingen – die Geschmäkker des Baslers scheiden. So gerieten auch wir anlässlich eines Probeessens zu einem Zunftanlass in eine Diskussion mit den Damen, die traditionsgemäss so ein Dîner kommentieren, bevor die jeweiligen Zunft- oder Gesellschaftsbrüder das Zunftmähli erhalten. Nebenbei gesagt: Es ist eine schöne Tradition, die oftmals für solche Anlässe hilfreich ist. Nun, der Lachs als Vorspeise wurde nach obigem Rezept serviert und die Diskussionen folgten: Lachs Basler Art, das sei nun ganz anders, der Lachs sei gebraten und mit einer halben Zitrone garniert und dazu gäbe es gebackene Zwiebelringe. Eigentlich eine etwas gar trockene Angelegenheit. Wir hatten Rezepte aus 5 Kochbüchern bereit und die gaben in 3 Fällen ein ähnliches Rezept wie unseres an, darunter auch die ehrwürdige Basler Kochschule, 1 Rezept war irgendwie ein Mittelding und nur 1 Buch empfahl den Lachs nach den Angaben der Gattin des Meisters dieser Ehrengesellschaft.

Schliesslich wurde unsere Variante gewählt und auch die Gesellschaftsbrüder waren zufrieden.

Lachsfilet an Dillrahmsauce

Zutaten:
600 g Lachsfilet ohne Haut
50 g Schalotten geschält
und fein gehackt
1 Tl Dill gehackt
Einige Dillzweige als Beigabe
zum Pochieren und als
Garnitur für das fertige
Gericht
1 dl Fischfond
1 dl Fischvelouté
1 dl trockener Weisswein
1 dl flüssiger Rahm
50 g Butter
1 Tl Ricard/Pernod

Zubereitung:
- Lachsfilet in Kotelettenform schneiden (etwa 1,5–2 cm breite Stücke).
- Flache Kasserolle mit Butter ausstreichen und mit den fein gehackten Schalotten bestreuen, die Dillzweige beifügen.
- Lachskoteletten darauflegen, mit Weisswein und Fischfond begiessen.
- Mit Salz und Pfeffer würzen.
- Mit Pergament zudecken und auf schwachem Feuer pochieren.
- Nach dem Pochieren den Fisch herausnehmen und warm halten.
- Die Fischvelouté in einer Kasserolle aufkochen und mit dem Fond des pochierten Fisches die Dicke der Sauce regulieren.
- Nochmals gut aufkochen lassen, den Rahm hinzugeben und die Sauce durch ein feines Sieb passieren.
- Den gehackten Dill hinzufügen, ein paar Butterflocken darüber geben.
- Je nach Wunsch kann der Sauce mit dem Ricard oder dem Pernod noch eine weitere Note verliehen werden.
- Als Beilage eignen sich Salz- oder Dampfkartoffeln, sowie viele Sorten von Reis, mit Ausnahme von Risotto.

Lachstatar an Yoghurtkräutersauce

Zutaten:
400 g Lachsfilet ohne Haut
2 El Olivenöl
1 Becher Yoghurt nature
1 El Kräuter gemischt
(Dill, Petersilie, Kerbel)
Salz und Pfeffer
Saft von 1 Zitrone
1 Brüsseler
(Brüsseler Endivie)
Etwas Saisonsalat in Blättern
1 Tl Kapern
16 Cherry-Tomaten
8 Zwiebelringe
Schnittlauch (ganz lassen)

Zubereitung:
- Das Lachsfilet in sehr feine Würfelchen schneiden, mit Olivenöl und Salz mischen.
- Yoghurt mit Zitrone, Salz und Pfeffer sowie mit den fein gehackten Kräutern mischen.
- Diese Mischung unter den Lachs geben und gut verrühren.
- Abschmecken.
- Sämtlichen Salat rüsten und waschen, die Blätter bitte ganz lassen.
- Cherry-Tomaten ebenfalls waschen.
- Auf kaltem Teller mit dem Esslöffel pro Portion 3–4 ovale Klösse aus der Lachsmasse abstechen und mit einem 2. Löffel glatt formen.
- Den Teller mit dem Salat, den Tomaten, den Kapern und den Zwiebelringen beliebig ausgarnieren.
- Die ganzen Schnittlauchstengel ebenfalls als Garnitur verwenden.

Am besten serviert man Toast oder Roggenbrot sowie Butter zu diesem Gericht.

Marinierter Lachs mit Dill und Senfkörnern

Zutaten für 6–8 Personen:
800 g Lachsfilet mit Haut
aber ohne Gräten
600 g Salz
300 g Zucker
50 g Dill gehackt
50 g Senfkörner
1 Orange, die Zeste davon
(Schale ganz dünn in Streifen
geschnitten, ohne die weisse
Innenschale)
1 Zitrone (Vorgehen wie
bei der Orange)
5 cl Olivenöl

Zubereitung:
- Das Lachsfilet mit Olivenöl einreiben.
- Salz und Zucker mit den beiden Zesten gut vermischen.
- Die Hälfte dieser Mischung auf eine Folie legen.
- Das Lachsfilet mit der Hautseite nach unten darauf legen.
- Mit den Senfkörnern und dem gehackten Dill bestreuen.
- Mit der restlichen Salzmischung den Fisch nun komplett bedecken.
- Mit Folie zudecken und mit einem zusätzlichen Blech oder einer Platte und einer geschlossenen Konservendose z.B. leicht beschweren.
- Den Fisch nun im Kühlschrank ca. 24 Std. marinieren lassen.
- Nach dieser Zeit das Lachsfilet vorsichtig mit Wasser abspülen, ohne allerdings die Senfkörner oder den Dill zu entfernen.
- Im Prinzip könnte der Fisch nun bereits serviert werden, es empfiehlt sich allerdings, ihn nochmals ca. 6 Std. in einer Folie und im Kühlschrank zu lagern.

Amerkungen:
Den Fisch mit einem feinen und sehr scharfen Messer sehr schräg in Tranchen schneiden. Sind Sie mit dem Messer bei der Haut angelangt, drücken Sie das Messer waagrecht weg.
Zum marinierten Lachs servieren Sie am besten Meerrettichrahm oder eine kalte Senfsauce auf der Basis einer Mayonnaise sowie Toast und Butter.
Da ausser Zucker keine Konservierungsmittel verwendet werden, ist die Haltbarkeit begrenzt (ca. 2 Tage im Kühlschrank).

Lachscarpaccio

Zutaten:
400 g roher Lachs, in sehr
dünne Tranchen geschnitten
3 El Mandelöl
5 El Balsamico-Essig
Saft von 1 Zitrone
30 g Schalotten, geschält
und gehackt
20 g Schnittlauch
fein geschnitten
200 g Saison-Blattsalat
8 Cherry-Tomaten
Salz und Pfeffer

TIP: Den Lachs anfrieren. Er lässt sich besser schneiden.

Zubereitung:
- Die rohen Lachstranchen mit Zitronensaft beträufeln.
- Den gewaschenen Blattsalat auf 4 Tellern gefällig anrichten.
- Die Schalotten mit dem Mandelöl und dem Balsamico-Essig mischen und mit Salz und Pfeffer würzen.
- Die Lachstranchen nun vorsichtig auf dem Salat anrichten und mit der bereits hergestellten Sauce übergiessen.
- Mit Schnittlauch und Cherry-Tomaten ausgarnieren.

Dieser Prachtsfisch fuhr von der Sammlerbörse in Zürich ins Spitz. Seither kann er zwar nicht mehr die Windrichtung zeigen. Wo es aber Fisch gibt, zeigt er noch allemal.

Lachs mit Linsen

Zutaten:
600 g Lachsfilet ohne Haut
0,5 dl Öl
50 g Mehl
Saft von 1 Zitrone
100 g rote Linsen
100 g gelbe Linsen
100 g braune Linsen
100 g Gemüsewürfelchen,
sehr fein geschnitten
(Karotten, Sellerie, Lauch)
3 dl Gemüsefond
(Fertigprodukt)
50 g Schalotten geschält
und fein gehackt
50 g Butter
Salz und Pfeffer

Die Linsen, nach Sorten getrennt, am Vorabend in Wasser einweichen.

Zubereitung:
- Schalotten und Gemüsewürfelchen in 3 Portionen teilen.
- Mit etwas Öl in 3 verschiedenen kleinen Töpfen die Schalotten und die Gemüsewürfelchen anziehen, die abgetropften Linsen hinzugeben und mit etwas Gemüsefond auffüllen.
- Die Hülsenfrüchte nun zugedeckt weichkochen. Achtung, die gelben Linsen sind sehr schnell weich.
- Sind alle Linsen weich, eventuell noch mit Salz und Pfeffer würzen.
- Den Fisch in 12 gleichmässige Stücke schneiden.
- Die Lachsfilets mit Zitronensaft, Salz und Pfeffer marinieren.
- Mehlieren und abklopfen und im Öl goldbraun braten.
- Die gekochten Linsen nun auf den vorgewärmten Tellern in 3 verschiedenen Bouquets (Häufchen) anrichten und den gebratenen Lachs dazugeben.
- Etwas zerlassene Butter auf den Fischstücken verteilen.
- Sie können den Kochfond der Linsen selbstverständlich mit dazu servieren.

Frühlingsrolle mit Fisch

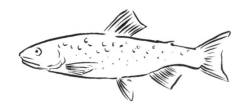

Zutaten:
8 Crêpes
(Siehe Rezept für Crêpes mit geräuchertem Stör)
300 g Saiblingfilets ohne Haut
200 g Gemüsestreifen von Karotten, Lauch und Sellerie
20 g Black Fungus
(Chinapilze)
0,5 dl Öl
Saft von 1 Zitrone
2 dl Sojasauce

Zubereitung:
- Die Fischfilets in Streifen von 1 cm Breite schneiden.
- Mit Zitronensaft, Salz und Pfeffer marinieren.
- Die Chinapilze in Wasser einweichen.
- Karotten und Sellerie in feine Scheiben und anschliessend in ebenso feine Streifen von ca. 2–3 cm Länge schneiden. Den Lauch in Stücke von 3 cm schneiden, halbieren, gut waschen und in feine Streifen schneiden.
- Die Julienne (siehe Fachwörter) nun kurz in Salzwasser kochen, so dass sie noch etwas kernig bleibt.
- Abschütten, kaltes Wasser zum schnellen Abkühlen darüber schütten und gut abtropfen lassen.
- Die Crêpes flach auf den Tisch legen, mit einer Schicht der Julienne belegen.
- Die Fischfilets und die Chinapilze darüber verteilen.
- Das restliche Gemüse darüber geben.
- Die Crêpes einrollen.
- Das Öl in der Pfanne erhitzen und die Crêpes nun langsam darin knusprig braten. Bitte bedenken Sie, dass Ihre Fischfilets eine Weile benötigen, denn sie sind in rohem Zustand weiterverarbeitet worden.
- Die Sojasauce aufkochen.
- Rechts und links davon etwas Sojasauce auf den Teller giessen und den Rest der Sauce in einer separaten Sauciere auf den Tisch bringen.
- Beim Würzen der Sojasauce darauf achten, dass das Soja bereits stark salzhaltig ist.

Saiblingfilets auf Fenchelbett

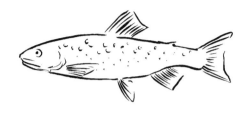

Zutaten:
600 g Saiblingfilets ohne Haut
50 g Schalotten geschält
und fein gehackt
0,5 dl Weisswein
1 dl Fischfond
2 dl Fischvelouté
1 El Ricard oder Pastis
70 g Butter
0,5 dl Rahm
250 g Fenchel
1 Peperoni rot
(kleiner genügt)
Saft von 1 Zitrone
Salz und Pfeffer
Kerbelzweig als Garnitur
1 El Sonnenblumenkerne

Zubereitung:
- Saiblingfilets mit Zitronensaft, Salz und Pfeffer marinieren.
- Den Fenchel waschen, halbieren, den Strunk entfernen und in Streifen schneiden.
- Die Peperoni waschen und halbieren, die Kerne entfernen und ebenfalls in dünne Streifen schneiden.
- Etwas Butter erhitzen, Fenchel und Peperonistreifen dazugeben.
- Mit etwas Wasser (oder Gemüsefond) netzen und zugedeckt garen lassen.
- Ein flaches Kochgeschirr mit Butter ausstreichen und die gehackten Schalotten dazugeben.
- Den Fisch dazulegen und mit Weisswein und Fischfond begiessen.
- Im Ofen bei ca. 180° oder auf der Herdplatte zugedeckt pochieren lassen (ca. 8 Min.).
- Die Fischvelouté aufkochen, den Pastis und einen Teil des Garfonds der Saiblingfilets dazugeben.
- Die Sauce abschmecken und durch ein Sieb passieren.
- Den gegarten Fenchel ebenfalls abschmecken.
- Auf vorgewärmter Platte oder Teller anrichten, den Fisch darauf geben.
- Die Sauce um das Gemüse herum auf die Platte giessen.
- Die Sonnenblumenkerne in etwas Butter anrösten und über den Fisch streuen. Zum Schluss die Kerbelzweiglein dazulegen.

Fisch-Piccata

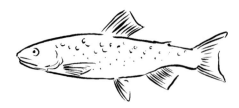

Zutaten:
600 g Saiblingfilets
0,5 dl Öl
50 g Mehl
120 g geriebener Käse (Sbrinz)
Saft von 1 Zitrone
2 frische Eier
4 dl Tomatensaft
Salz und Pfeffer

Zubereitung:
- Die Saiblingfilets mit Salz, Pfeffer und Zitronensaft marinieren.
- Die beiden Eier aufschlagen und den Käse daruntermischen und gut verrühren.
- Den Fisch im Mehl wenden und abklopfen.
- Den Fisch durch die Käsemasse ziehen, dass er ringsum gleichmässig damit bedeckt ist.
- Öl erhitzen und die Saiblingfilets langsam goldbraun braten.
- Den Tomatensaft um ⅓ einkochen lassen und mit Salz und Pfeffer abschmecken.
- Den Fisch anrichten und mit dem eingedickten Tomatensaft umgeben.

Anmerkungen:
Nach Wunsch können Sie über den Fisch noch gedünstete Champignons als Garnitur geben.
Berücksichtigen Sie auch im Zeitplan die Zubereitung der Beilagen: Hervorragend eignet sich zu der Piccata ein Safranrisotto, der natürlich viel früher vorbereitet werden muss.

Saibling mit Steinpilzen

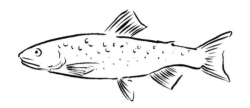

Dieses Gericht lässt sich natürlich am besten dann zubereiten, wenn die herrlichen, aromatischen Steinpilze frisch auf dem Markt zu haben sind. Getrocknete Steinpilze sind dafür nicht geeignet.

Zutaten:
600 g Saiblingfilets
200 g frische Steinpilze
Saft von 1 Zitrone
Salz und Pfeffer
60 g Mehl
0,5 dl Öl
2 Schalotten geschält und gehackt
1 Knoblauchzehe, geschält und gehackt
20 g Petersilie
1,5 dl Rahm (je nach Variante)
50 g Butter
1 El Ricard
1 Tl Petersilie gehackt

Zubereitung:
- Die Saiblingfilets mit Zitronensaft, Salz und Pfeffer marinieren.
- Die Steinpilze in ca. 2 cm grosse Stücke schneiden.
- Die Butter erhitzen, die fein gehackten Schalotten dazugeben – und die Steinpilze darin sautieren.
- Mit Salz und Pfeffer würzen.
- Die fein gehackte Knoblauchzehe und die Petersilie zum Schluss unter die Pilze mischen.
- Nach Geschmack (ist nicht zwingend) mit dem Ricard noch eine spezielle Note dazugeben.
- Die Pilze warm stellen.
- Die Saiblingfilets mehlieren und überschüssiges Mehl abklopfen.
- In heisser Pfanne mit dem Öl und etwas Butter kurz auf beiden Seiten goldbraun braten.
- Auf heisse Teller anrichten und mit den Steinpilzen garnieren.

Variante:
Die fertigen Steinpilze in ein flaches Kochgeschirr geben, 1,5 dl Rahm dazu giessen, das Ganze kurz aufkochen. So erhalten Sie eine schmackhafte Steinpilzsauce.
Das Gericht kann auch ohne Knoblauch hergestellt werden.
PS.: Selbstverständlich können Sie die Pilze mischen. Hervorragend geschieht dies mit Eierschwämmli. (Pfifferlinge)

Saiblingfilets mit Zimtbutter

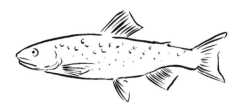

Zutaten:
600 g Saiblingfilets ohne Haut
0,5 dl Erdnussöl
50 g Mehl
150 g Butter
0,5 dl Weisswein
Saft von 1 Zitrone
1 Tl gemahlener Zimt
1 Tl Schalotten geschält und gehackt
Salz und Pfeffer
1 El Rahm

Zubereitung:
- Den Fisch mit Salz, Pfeffer und Zitronensaft marinieren.
- Mehlieren und abklopfen.
- Öl erhitzen und den Fisch goldbraun braten und warm stellen.
- Den Weisswein mit Schalotten und dem Zimt zur Hälfte einkochen.
- Die Butter flockenartig unter ständigem und raschem Rühren vorsichtig in diese Reduktion einrühren.
- Den Rahm und den Zitronensaft dazugeben.
- Diese Schaumbutter durch ein feines Sieb passieren.
- Den Fisch auf vorgewärmten Tellern anrichten.
- Mit der Butterschaumsauce übergiessen.

Schleienfilets mit Sesam paniert

Zutaten:
600 g Schleienfilets
0,5 dl Öl
50 g Mehl
1 frisches Ei
150 g Sesamsamen
(Reformhaus)
50 g Butter
Salz und Pfeffer
2 Zitronen
(von einer wird der
Saft benötigt)

Zubereitung:
- Schleienfilets marinieren mit Zitronensaft, Salz und Pfeffer.
- Das Ei aufschlagen.
- Den Fisch im Mehl wenden und abklopfen, durchs Ei ziehen, mit Sesamsamen gut panieren und den Sesam leicht anklopfen.
- Öl erhitzen und den Fisch darin goldbraun braten.
- Kurz vor dem Garwerden, das Öl abschütten und die Butter in die Pfanne geben.
- Die Filets auf vorgewärmter Platte anrichten und mit Zitronenschnitzen garnieren.

Schleie im Salzmantel

Zutaten:
4 Schleien à ca. 300 g
1,5 kg Meersalz
0,25 dl Öl
2 Eier
(Eiweiss wird verwendet)
2 El frisch gehackte Kräuter
(Kerbel, Petersilie, Dill)
Pfeffer
Saft von 1 Zitrone
150 g Butter

Zubereitung:
- Die Schleien ausnehmen.
- Die Flossen mit einer starken Haushaltschere abschneiden, die Fische nochmals gut waschen.
- Den Backofen auf ca. 200° vorheizen.
- Die Schleien mit Zitronensaft und Pfeffer marinieren.
- Die gehackten Kräuter in den Bäuchen der Fische einreiben.
- Das Meersalz mit dem Eiweiss gut vermengen, damit eine feste Masse entsteht.
- Mit einer Backfolie, die Sie zu einem stabilen Rahmen zusammenfalten, stellen Sie auf einem Backblech vier Fischformen her. Die Folienenden zur besseren Haltbarkeit ineinanderstecken, oder mit einem Bostitch zusammenheften.
- Diese 4 Formen füllen Sie nun mit einem Teil des Salzteiges und geben anschliessend die 4 Schleien darauf, es bleibt dabei Ihnen überlassen ob die Fische stehend (Foto zum Rezept) oder liegend im Salz arrangiert werden.
- Mit dem Rest des Salzteiges schliessen Sie nun die Fische hermetisch ab.
- Das Backblech mit den Fischen in den Ofen geben und für ca. 30 Minuten ausbacken.
- Ist die Garzeit abgelaufen, die Folien entfernen und die Fische mit einer breiten Spachtel auf eine Platte geben und präsentieren.
- Mit einem kräftigen Messerrücken nun das Salz einschlagen und es vorsichtig entfernen.
- Die Haut des Fisches bleibt am Salzteig haften. Sonst entfernen Sie sie, da sie bei der Schleie nicht geniessbar ist.
- Die Filets nun sorgfältig vom Körper trennen und auf heisse Teller geben.
- Es ist ratsam, die Fische nicht alle auf einmal aus dem Salz zu nehmen, da sie in der Kruste ihr Aroma behalten.
- Dazu servieren Sie separat goldbraune Butter.

Crêpes mit geräuchertem Stör

Zutaten:
8 Tranchen (à 20 g)
geräucherter Stör
8 Crêpes (siehe Crêpeteig)
20 g Butter
3 frische Eier
1 dl Weisswein
1 El Noilly Prat
Salz, Cayennepfeffer

Crêpeteig:
100 g Mehl
1 frisches Ei
1 El Öl
2 dl Milch
1 Prise Salz

Zubereitung:
- Das gesiebte Mehl in eine Schüssel geben und einen Kranz formen.
- Das Ei aufschlagen und in die Mitte geben, ebenso das Öl und die Prise Salz.
- Von der Mitte aus mit dem Schneebesen rühren und die Milch langsam hinzugeben.
- Den Teig ca. ½ Std. ruhen lassen.
- Nach dieser Zeit in einer Pfanne die Crêpes in gleicher Grösse hauchdünn ausbacken und abkühlen.

Zubereitung:
- Die ausgekühlten Crêpes nun mit den Störtranchen belegen und zusammenrollen.
- Eine feuerfeste Form mit Butter einstreichen, die Crêpes darauf legen und mit etwas Weisswein benetzen.
- Backofen auf 180° erwärmen, Crêpes darin erhitzen.
- Während dieser Zeit die Eier mit Salz und Pfeffer in einer Metallschüssel aufschlagen.
- Den Noilly Prat und den Weisswein dazugeben.
- In einem Kochgeschirr Wasser bis zum Siedepunkt erhitzen und darin nun die Schüssel mit der Eimasse unter kräftigem Schlagen zu einem steifen Sabayon aufschlagen. Aber Achtung, das Wasser darf nicht kochen und Sie müssen spüren, wann das Sabayon etwas mehr oder weniger Hitze verträgt. (Zeitaufwand ca. 5–8 Min.)
- Das fertige Sabayon nochmals abschmecken.
- Crêpes auf warme Teller geben und mit dem steifen Sabayon zur Hälfte bedecken.

Welsfilet mit rosa Pfeffer

Zutaten:
600 g Welsfilet
0,5 dl Öl
40 g Butter
25 g Schalotten geschält und gehackt
100 g Mehl
Salz und Pfeffer
2 dl Fischvelouté
Saft von 1 Zitrone
10 g rosa Pfeffer
1 dl Rahm
20 g Linsensprossen
(Reformhaus)

Zubereitung:
- Das Welsfilet in 4 Portionen (2 St. pro Person) schneiden.
- Mit Zitronensaft, Salz und Pfeffer marinieren.
- Im Mehl wenden und gut abklopfen.
- Öl erhitzen und die Filets darin goldbraun braten, auf Haushaltspapier das Fett abtropfen lassen und die Filets anschliessend warm stellen.
- Den Weisswein mit den fein gehackten Schalotten aufkochen.
- Die Fischvelouté dazugeben und ca. ⅓ einkochen lassen.
- Durch ein feines Sieb passieren.
- Mit Rahm verfeinern und die rosa Pfefferkörner dazugeben.
- Nochmals abschmecken.
- Die Sauce auf die Teller geben, so dass eine Art «Spiegel» entsteht.
- Die warmen Fischfilets auf diesem Saucenspiegel anrichten und mit den Linsensprossen garnieren.

Eismeerbarsch auf dem Weg durch Basel. Ein Werk von Ursula Salathé aus dem Jahr 1987. Der farbige Fisch vor einem grauen Hintergrund zeigt uns die Stärke der Natur über alle Technik.

Wels mit Ingwer

Zutaten:
600 g Welsfilets
0,5 dl Öl
50 g Mehl
Saft von 1 Zitrone
1 dl Fischfond
2 dl Fischvelouté
1 kleine Ingwerwurzel
4 Kerbelzweige
0,5 dl Rahm
Salz und Pfeffer

Zubereitung:
- Wels mit Zitronensaft, Salz und Pfeffer marinieren.
- Mehlieren und in erhitztem Öl goldbraun braten.
- Die Filets warm stellen.
- Die Fischvelouté aufkochen, mit Fischfond und Rahm zur gewünschten Dicke einkochen.
- Den frisch geraffelten Ingwer dazugeben und die Sauce mit Salz und Pfeffer abschmecken.
- Den Fisch auf einer vorgewärmten Platte oder Teller anrichten.
- Mit der Sauce übergiessen und mit den Kerbelzweiglein garnieren.

Variante:
Dieses Fischrezept können Sie auch mit pochierten Welsfilets herstellen. Sie müssen sich in diesem Fall an die schon einige Male erwähnte Methode des Pochierens halten.

Welsfilets an Bier und Quarksauce

Zutaten:
600 g Welsfilets
0,5 dl Öl
Saft von 1 Zitrone
50 g Mehl
1 dl Bier
200 g Magerquark
Salz und Pfeffer

Zubereitung:
- Die Welsfilets in 4 Portionen aufteilen und mit Zitronensaft, Salz und Pfeffer marinieren.
- Öl erhitzen.
- Die Welsfilets mehlieren und abklopfen und anschliessend in der Pfanne goldbraun braten.
- Den Fisch warm halten.
- Das Fett aus der Pfanne abschütten.
- Die Schalotten darin kurz dünsten und mit Bier ablöschen.
- Den Quark dazugeben, alles aufkochen lassen und durch ein Sieb passieren.
- Die Sauce wird – was nicht an der Zubereitung liegt – gerinnen. Um sie wieder zu binden, giessen Sie sie in Ihren Mixer und lassen diesen kurz auf voller Tourenzahl laufen. Sollten Sie über einen Stabmixer verfügen, können Sie auch diesen verwenden.
- Die Sauce abschmecken, ein paar Butterflocken darin aufmontieren.
- Den Fisch auf vorgewärmte Teller oder Platte anrichten und die Sauce darüber giessen.

Wels an Estragonrahmsauce

Zutaten:
600 g Welsfilets (ohne Haut)
50 g Schalotten geschält und gehackt
Saft von 1 Zitrone
30 g Butter
1 dl Weisswein
1 dl Fischfond
0,5 dl Rahm
2 dl Fischvelouté
1 El Estragonblätter fein gehackt
Salz und Pfeffer

Zubereitung:
- Welsfilet mit Zitronensaft, Salz und Pfeffer marinieren.
- Eine feuerfeste Form mit Butter ausstreichen und mit den Schalotten bestreuen.
- Die Fischfilets auf die Platte legen.
- Mit Weisswein und Fischfond begiessen.
- Auf der Herdplatte oder im Ofen bei 180° ca. 8–10 Min. pochieren.
- Die Fischvelouté aufkochen, mit dem Pochierfond verdünnen und leicht einkochen lassen.
- Mit Rahm verfeinern.
- Mit den gehackten Estragonblättern nun die Sauce vervollständigen.
- Die Fischfilets auf einer vorgewärmten Platte oder Teller anrichten und mit der Sauce übergiessen.

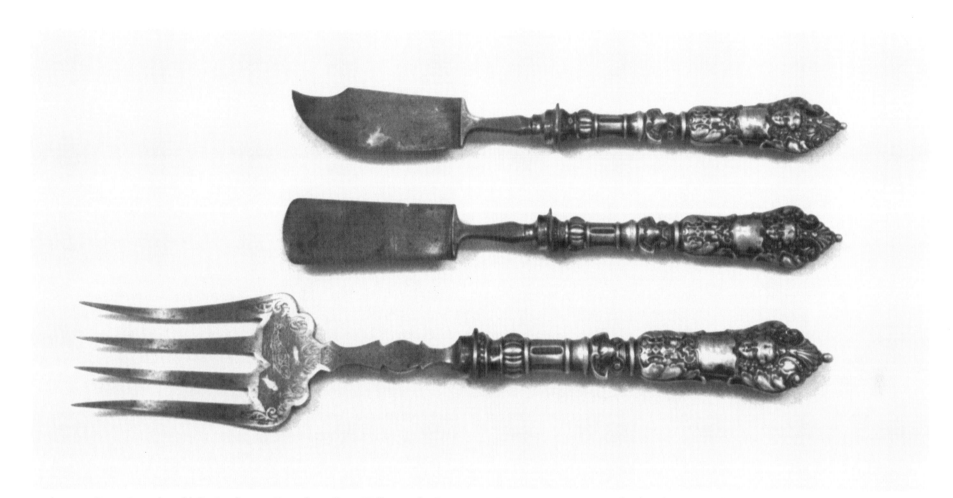

Haben mit diesem Besteck wohl die Grafen von Eszterhazy ihren Waller aus der Donau verspiesen? Das Wissen wir nicht, dass dieses Besteck aus Ungarn stammt, das ist uns hingegen bekannt.

Zanderfilets mit Kartoffelschuppen

Zutaten:
600 g Zanderfilets mit Haut
400 g Kartoffeln
Saft von 1 Zitrone
150 g Butter
50 g Kartoffelmehl
ca. 1 El Fécule
0,5 dl Öl
30 g Schalotten
1 dl Weisswein
1 Kl Estragonblätter gehackt
Salz und Pfeffer

Zubereitung:
- Die Kartoffeln schälen und mit einem Apfelausstecher genügend Kartoffelrollen ausstechen, diese in Wasser legen und beiseite stellen.
- Die Zanderfilets in etwa gleichgrosse Portionen schneiden.
- Die Kartoffelrollen nun in dünne Scheiben schneiden.
- Diese Scheiben auf Haushaltspapier gut trocknen und mit dem Kartoffelmehl vorsichtig mischen.
- Die Zanderfilets würzen und nun die Kartoffelscheibchen schuppenartig auf die Innenseiten der Filets legen.
- Das Öl in einer feuerfesten Form erhitzen und die Zanderfilets mit einem Spachtel vorsichtig mit der Hautseite nach unten in die Pfanne geben.
- Kurz anbraten und die Bratform in einen auf ca. 190° erwärmten Ofen geben und dort während 8–9 Min. fertig garen.
- Während dieser Zeit die feingehackten Schalotten, den Weisswein, einige Tropfen Zitronensaft in eine Kasserolle geben und eine Reduktion herstellen, d.h. ca. bis zur Hälfte einkochen lassen.
- Unter ständigem Rühren (in der Form einer 8) nun flokkenweise die frische Butter hinzugeben. Aber Achtung, dies darf nur bei sehr wenig Hitze geschehen, damit ein Scheiden vermieden wird.
- Ist die Butter verarbeitet, haben Sie eine sogenannte «beurre blanc» erhalten und damit auch eine beliebte Saucenart zu Fischgerichten aller Art.
- Die gehackten Estragonblätter hinzufügen und die beurre blanc mit Salz und Pfeffer würzen.
- Den unterdessen gegarten Fisch rasch auf heissen Tellern anrichten, mit der beurre blanc umgeben.
- Als Beilage empfiehlt sich etwas Gemüse und Petersilienkartoffeln.

Zander auf Blattspinat überbacken

Zutaten:
600 g Zanderfilets ohne Haut
50 g Schalotten geschält
und gehackt
50 g Butter (Kochbutter)
2 dl Fischvelouté
0,5 dl Hollandaise (Rezept)
0,5 dl Rahm UP
1 dl Weisswein
500 g Blattspinat gekocht
und ausgedrückt
4 Blätterteigfleurons
Salz und Pfeffer
Beilagen nach Wahl

Zubereitung:
- Die Zanderfilets in gleich grosse Portionenstücke schneiden.
- Eine Form ausbuttern und sie mit etwas Salz und Pfeffer bestreuen.
- Etwas Schalotten dazugeben und die Filets darauf legen.
- Mit Weisswein übergiessen und im Backofen bei ca. 180° pochieren. Nach dem Garen den Fisch warm stellen und den Fond durch ein Sieb passieren.
- Im Backofen die Oberhitze auf 180° stellen.
- Den Blattspinat mit Butter und Schalotten anziehen und würzen.
- 0,2 dl flüssigen Rahm hinzugeben.
- Die Fischvelouté aufkochen und den Fond der pochierten Fische dazugeben und etwas einkochen lassen.
- Den restlichen Rahm steif schlagen.
- Den Spinat auf einer Platte als Sockel in der Mitte anrichten.
- Die Fischfilets darauf anrichten und einen Moment warm stellen.
- Abseits des Feuers die Holländische Sauce und den geschlagenen Rahm vorsichtig unter die Fischvelouté ziehen (nicht zu stark rühren und nicht schlagen).
- Diese Sauce vorsichtig über den Fisch verteilen und in den vorgeheizten Backofen geben.
- Bitte durchs Schauglas beobachten. Hat die Sauce die richtige Konsistenz, wird sie sich sehr rasch bräunen und das Gericht ist damit fertig. Achtung, die Zeit von goldbraun bis hin zum Verbrennen der Sauce ist relativ kurz!
- Dazu servieren Sie Wildreis oder Salzkartoffeln oder die Beilage Ihrer Wahl.

Zander an Champagnerrahmsauce

Zutaten:
600 g Zanderfilets
(entspricht ca. 1,2 kg ganzem
Zander, sofern Sie einen
ganzen Fisch bevorzugen)
50 g Schalotten geschält und
gehackt
50 g Butter
1,5 dl Champagner oder
Schaumwein
2,5 dl Rahm
1 dl Fischfond
Saft von 1 Zitrone
4 Dillzweige
Salz und Pfeffer

Zubereitung:
- Zanderfilets sorgfältig entgräten und in dünne Tranchen schneiden (ca. 1–1,5 cm breit).
- Mit Zitronensaft, Salz und Pfeffer würzen.
- Eine feuerfeste Form mit Butter einpinseln und mit den feingehackten Schalotten bestreuen.
- Die Fischtranchen darauflegen (nicht übereinander).
- Mit der Hälfte des Champagners und dem Fischfond begiessen.
- Mit Folie zudecken und ca. 10 Minuten im Ofen bei 180° oder auf dem Herd pochieren. Nach dem Garen warm halten.
- Den Fond des pochierten Fisches mit dem restlichen Champagner vermischen und zur Hälfte reduzieren lassen.
- Rahm dazugeben und leicht einkochen lassen bis Sie die gewünschte Konsistenz der Sauce erhalten haben.
- Die Sauce nun durch ein Sieb passieren, abschmecken, Butterflocken vorsichtig in die Sauce einrühren. Dies verleiht ihr einen besseren Glanz und sie wird etwas sämiger.
- Die Fischtranchen auf einer vorgewärmten Platte oder portionenweise auf Teller anrichten, und die Sauce über die Fische geben.
- Am Schluss mit den Dillzweigen garnieren.

Zander mit Apfelwein, Lauch und kleinen Zwiebeln

Zutaten:
600 g Zanderfilets ohne Haut und Gräten
3 Stangen Lauch
50 g Mehl
16 kleine Frühlingszwiebeln
2,5 dl Apfelwein
150 g Butter
2 Schalotten geschält und gehackt
2 dl Fischfond
Saft von 1 Zitrone
2 El Olivenöl
1 Prise Zucker
Salz und Pfeffer
etwas Kerbel zum Garnieren

Zubereitung:
- Den Lauch waschen und in ca. 5 cm grosse Stücke schneiden.
- Die Frühlingszwiebeln schälen und etwa ½ cm vom Stiel an der Zwiebel lassen.
- Beide Gemüse in kochendes, leicht gesalzenes Wasser geben und ohne Deckel (die grüne Farbe des Lauches bleibt erhalten) garen.
- Anschliessend zum Abkühlen in kaltes Wasser geben.
- Die Zanderfilets mit Salz, Pfeffer und Zitronensaft marinieren.
- Den Backofen auf 220° vorwärmen.
- Eine Pfanne mit Öl erhitzen.
- Die Zanderfilets mehlieren, abklopfen und schnell auf beiden Seiten in dieser Pfanne anbraten – ohne gar werden zu lassen.
- Die Filets herausnehmen.
- Die gehackten Schalotten dünsten und mit dem Apfelwein ablöschen.
- Diese Flüssigkeit nun um ⅔ einkochen lassen.
- Nun den Fischfond hinzugeben, durch weiteres Kochen nochmals ein wenig reduzieren lassen.
- In die nun entstandene Sauce die angebratenen Zanderfilets legen und ca. 3–4 Min. fertig garen lassen. Aber Achtung, Sie wissen es: Fisch darf nie kochen, sondern nur ziehen (pochieren).
- Ist der Fisch fertig, ihn aus der Sauce nehmen und warm stellen.
- Während dieser Zeit den Lauch mit etwas Butter anziehen und mit ein wenig Wasser dünsten.
- Die gar gekochten Zwiebeln ebenfalls mit etwas Butter und dem Zucker erhitzen. (Der so erhitzte Zucker sorgt dafür, dass die Zwiebeln glänzig werden.)
- Beides warm stellen und den Pochierfond nun um ⅓ reduzieren lassen, durch ein feines Sieb passieren.
- Wie bei einer aufgeschlagenen Butter (Rezept), nun auch hier die Butter in kleinen Portionen und unter raschem Schlagen bei nicht allzu grosser Hitze (darf nicht kochen) unter diese Sauce rühren.
- Zum Schluss die Sauce abschmecken. (Keinen Calvados verwenden, dadurch wird das nicht allzu starke Aroma des Apfelweines übertönt.)
- Den Zander auf vorgewärmten Tellern anrichten, mit der Sauce übergiessen, mit Lauch und Zwiebeln umgeben und mit den Kerbelzweiglein garnieren.

Zander al pesto

Zutaten:
600 g Zanderfilet
0,5 dl Öl
Saft von 1 Zitrone
50 g Butter
50 g Mehl
2 dl Fischvelouté
1 dl Fischfond
1 dl Rahm
40 g Pesto (Fertigprodukt)
20 g Parmesan gerieben
Basilikumblätter als Garnitur

Zubereitung:
- Die Zanderfilets in Portionentranchen teilen.
- Fischfilets mit Zitronensaft, Salz und Pfeffer marinieren.
- In Mehl wenden und abklopfen.
- Öl mit etwas Butter erhitzen.
- Die Fischfilets darin goldbraun braten.
- In der Zwischenzeit die Fischvelouté mit einem Drittel der Pestomasse aufkochen.
- Die gegarten Fischtranchen mit der restlichen Pestomasse bestreichen.
- Mit geriebenem Parmesan bestreuen.
- In feuerfeste Form geben und im Ofen bei 220° mit Oberhitze überbacken.
- Die Fischsauce mit Rahm verfeinern.
- Die Sauce auf vorgewärmte Teller oder Platte geben und die Fische darauf anrichten.
- Mit Basilikumblättern garnieren.

Selbstverständlich können Sie die Pestosauce auch selbst herstellen, dazu eines der vielen möglichen Rezepte:

Zutaten:
40 g Basilikum
20 g Petersilie
30 g Pinienkerne
10 g Knoblauch
20 g Parmesan
0,6 dl Olivenöl
Pfeffer

Zubereitung:
- Basilikum und Petersilie waschen und mit den Pinienkernen und dem Knoblauch im Mixer sehr fein zerkleinern.
- Diese Masse mit dem Parmesan mischen.
- Das Olivenöl langsam darunterrühren und mit dem Pfeffer abschmecken.

Zanderfilets im Salatblatt

Zutaten:
600 g Zanderfilets ohne Haut und Gräten
40 g Schalotten geschält und gehackt
1 dl Fischfond
Saft von 1 Zitrone
1 dl Bier
12 schöne grüne Blätter vom Kopfsalat
100 g Gemüsewürfelchen fein geschnitten
(Karotten, Lauch und Sellerie)
Salz und Pfeffer

Zubereitung:
- Die Zanderfilets in 12 gleichgrosse Stücke schneiden.
- Marinieren mit Zitronensaft, Salz und Pfeffer.
- Die Salatblätter in kochendes Salzwasser *einzeln* (!!) aufkochen lassen und sofort in Eiswasser abkühlen.
- Ebenfalls in kochendem Salzwasser die Gemüsewürfelchen kurz aufkochen lassen, in ein Sieb giessen und mit kaltem Wasser abkühlen.
- Anschliessend auf Haushaltspapier sorgfältig trocknen lassen.
- Eine feuerfeste Form mit Butter ausstreichen, mit den Schalotten bestreuen.
- Die Salatblätter einzeln auslegen, die Fischstücke auf die Blätter legen mit den Gemüsewürfelchen bedecken und einwickeln.
- Den so zubereiteten Fisch nun in die feuerfeste Form geben, mit Fischfond begiessen.
- Im Ofen bei 180° oder auf der Herdplatte zugedeckt pochieren lassen (ca. 8 Min.).
- Nach dem Garen den Fisch warm stellen.
- Den Pochierfond mit dem Bier zur Hälfte einkochen lassen, durch ein Sieb passieren und bei kleinem Feuer mit Butterflocken aufmontieren und abschmecken.
- Die Sauce auf vorgewärmte Platte oder Teller geben.
- Die Fischfilets mit einem feinen Messer schräg halbieren und auf die Sauce legen.

Zander- und Lachstranche in Senfsauce

Zutaten:
300 g Lachsfilet ohne Haut
300 g Zanderfilet ohne Haut
50 g Butter
40 g Schalotten geschält und fein gehackt
Saft von 1 Zitrone
1 El scharfer franz. Senf
1 dl Rahm
1 dl Weisswein
0,5 dl Fischfond
1 dl Fischvelouté
Salz und Pfeffer
1 Tl Senfkörner

Zubereitung:
- Die Fischfilets in Portionen schneiden, mit Salz, Pfeffer und Zitronensaft marinieren.
- Eine feuerfeste Form mit Butter ausstreichen und die Schalotten hinzugeben.
- Die Fischfilets darauf legen und mit Weisswein und Fischfond begiessen.
- Im Ofen bei 180° oder auf der Herdplatte zugedeckt pochieren (ca. 8–10 Min.).
- Die Fischvelouté aufkochen.
- Den Rahm und einen Teil des Pochierfonds hinzugeben.
- Anschliessend den Senf beifügen.
- Die ganze Sauce nun durch ein Sieb passieren.
- Die Sauce mit dem Mixer oder dem Stabmixer kurz mixen und abschmecken.
- Den pochierten Fisch auf eine vorgewärmte Platte oder Teller geben und die Sauce darübergiessen.
- Zum Schluss den Teelöffel Senfkörner über das Fischgericht streuen.

Zanderschnitzel mit Meerrettich

Zutaten:
600 g Zanderfilets ohne Haut
0,5 dl Öl
50 g Mehl
50 g frischer, geriebener Meerrettich
50 g geriebenes Weissbrot ohne Rinde
40 g Butter
3 dl Fischvelouté
0,5 dl Fischfond
Salz und Pfeffer
Saft von 1 Zitrone
1 El gehackte Petersilie

Zubereitung:
- Die Zanderfilets mit Zitrone, Salz und Pfeffer marinieren.
- Den Meerrettich mit dem geriebenen Weissbrot und der Petersilie vermischen und leicht würzen.
- Die Zanderfilets mehlieren, abklopfen.
- In einer Pfanne das Öl erhitzen und die Zanderfilets goldbraun darin braten und warm stellen.
- Die Fischvelouté aufkochen, mit Fischfond verdünnen und mit Rahm verfeinern.
- Durch ein feines Sieb passieren und abschmecken. (*Variante:* Sie können auch in diese Sauce etwas von dem geriebenen Meerrettich geben.)
- Auf die gebratenen Zanderfilets die Farce aus Meerrettich, Petersilie und Brot verteilen.
- Mit Butterflocken bedecken und unter dem Grill oder der Oberhitze vorsichtig gratinieren.
- Die Fischsauce auf vorgewärmte Platte oder Teller geben und den gratinierten Fisch darauf anrichten und mit einem Teil des geriebenen Meerrettichs bestreuen.

131

Zanderfilets an Karottensauce

Zutaten für Fisch:
600 g Zanderfilets ohne Haut
50 g Schalotten geschält und fein gehackt
0,5 dl Weisswein
0,5 dl Fischfond
Saft von 1 Zitrone
Salz und Pfeffer

Zutaten für Karottensauce:
300 g Karotten geschält
30 g Schalotten geschält und fein gehackt
1 dl Rahm
½ Becher Yoghurt nature
1 Prise Thymian zerrieben
1,5 dl Gemüsefond
(Fertigprodukt)
20 g Butter
Salz und Pfeffer

Zubereitung der Sauce:
- Die Karotten in Stücke schneiden.
- Die Butter erhitzen, die Schalotten dazugeben, dann die Karotten beifügen.
- Mit dem Gemüsefond auffüllen und zugedeckt weichkochen.
- Nachdem die Karotten gar sind, mit Rahm und Yoghurt vermischen.
- Im Mixer fein pürieren.
- Mit Salz und Pfeffer abschmecken.

Diese Sauce kann mit dem Fischfond noch beliebig verdünnt werden.

Zubereitung Fischfilets:
- Die Fischfilets mit Zitronensaft, Salz und Pfeffer marinieren.
- Ein flaches Kochgeschirr mit Butter ausstreichen und die Schalotten beifügen.
- Den Fisch darüberlegen und mit Fischfond sowie dem Weisswein begiessen und zugedeckt auf der Herdplatte oder im Ofen bei 180° ca. 8 Min. pochieren.
- Den abgetropften Fisch auf eine vorgewärmte Platte legen und mit der Karottensauce übergiessen.

Variante:
Sie können für dieses Gericht auch einen Sockel aus verschiedenen Gemüsestreifen herstellen, den Fisch darüber anrichten und erst dann mit der Sauce übergiessen.

Warum Feinschmecker Fische lieben

Feinschmecker sind Leute, die nach dem Grundsatz essen: Abwechslung macht das Leben interessant. Wie könnten sie das besser, als wenn sie Fische lieben? Weit über 20000 verschiedene Arten Fisch gibt es. Längst nicht alle sind essbar, und noch weniger kommen bei uns in den Handel. Trotzdem übersteigt das Angebot von Fischen alles, was an eiweisshaltiger Nahrung unseren Köchen sonst noch zur Verfügung steht. Wozu die ungeheuren Möglichkeiten kommen, Fisch zuzubereiten. Für Sole gibt es über 300 verschiedene Rezepte allein in der klassischen Küche. Für einen der arglosesten Fische, den luftgetrockneten Dorsch, den Stockfisch, existieren in Portugal 365 verschiedene Zubereitungsarten, und das sind nur die offiziellen. Fast jede Hausfrau kennt in Portugal noch Familienrezepte für Bacalhao, und in Italien habe ich «stoccofisso» gegessen, der war so gekocht, wie ich ihn sonst nirgendwo gefunden hatte.

Fisch fordert einen guten Koch zu eigenen Erfindungen geradezu heraus. Weil er vorwiegend aus Muskelfleisch besteht (der Fisch, nicht der Koch), und weil seine Muskeln nicht ein schweres Gerippe tragen müssen, sind sie völlig anders zusammengesetzt als die Muskeln von Landtieren. Bei den meisten Fischen genügt es, wenn man sie so lange der Hitze aussetzt, bis ihr Fleisch koaguliert ist. Was in Griechenland keinen Koch daran hindert, Fische zwei Stunden lang im Backofen zu schmoren, bis sie steinhart sind und nur noch gegessen werden können, weil sie in Olivenöl schwimmen, das beim Schlucken als Gleitmittel dient.

Es ist kaum zu glauben, was an Fischgerichten alles existiert. In den Seemannsgeschichten, die ich als Kind so gern las, gab's als Delikatesse Labskaus. Als ich Labskaus zum erstenmal vorgesetzt bekam, habe ich es gleich zweimal gegessen: zum ersten und zum letzten Mal. Es sah aus wie Erdbeermousse, aber es roch nach Hering und dem Dill saurer Gurken, und bereichert war es mit Corned Beef. Nicht viel besser ging's mir bei meinem ersten Besuch in Israel, am Tiberias-See. Als Ehrengast bekam ich die Köpfe von gebratenen Fischen – und meine Gastgeber assen das Fischfleisch. Kein sehr grosser Erfolg waren auch «Sardinen auf Künstlerart», die mir mein Freund Alex in Basel vorsetzte. Das waren Ölsardinen, die er auf einem Spritkocher samt Geschwellten im Fischöl briet. Leider in meiner Wohnung und nicht in seinem Atelier. Sie roch noch nach Tagen sehr bemerkenswert.

Fische eignen sich ausgezeichnet zum Braten in der Pfanne. Als ich einmal am Abend spät im November im Dörflein Monemvasia im Südosten des Peloponnes ankam, war dort nur noch in einem einzigen Haus Licht. Zum Glück war das die Dorfbeiz, vornehm «Taverna» genannt. Das Dörflein hatte damals 22 Einwohner. Ob es etwas zu essen gäbe? fragte ich. Es gab Fisch: Barbounia. Das sind Rougets. Sie wurden in Oliven-

öl gebraten und mit Zitrone und Zwiebelringen serviert. Ein ausgezeichnetes Mahl, vor allem wenn man hungrig ist. Am nächsten Mittag ass ich wieder in der Taverna. Es gab Barbounia, in Olivenöl gebraten, mit Zitrone und Zwiebelringen. Am Abend desgleichen. Nach drei Tagen Barbounia war mein Bedarf an Rougets für einige Monate gestillt und ich ass Luncheon Meat aus der Büchse, bestehend aus polnischem Schweinefleisch. Nach weiteren zwei Tagen mit Luncheon Meat reiste ich ab. Seither reise ich nie mehr ohne einen Vorrat an Konserven. Luncheon Meat befindet sich nicht unter ihnen. Grillieren kann man Fisch natürlich auch. Am Hafen von Nizza habe ich vor Jahren frische Sardinen grilliert. Eigentlich wollte ich sie in einem Matrosenrestaurant essen, aber das war geschlossen weil bankerott. Ich habe selten so viele hungrige Katzen um mich

geschart wie an diesem Abend in Nizza. Sie bekamen alle Köpfe – als Ehrengäste. Sardinen schmecken auch sehr gut, wenn man sie einsalzt und trocknet. Das habe ich auf der Insel Lipari festgestellt, im Garten eines Kunstmalers. Seine Frau hatte Brot gebacken, aus Roggenmehl im gemauerten Ofen, und das wurde heiss vertilgt mit den gesalzenen Sardinen und einem schwarzen Wein von einer Rebsorte, die vor 2400 Jahren die Griechen mitgebracht hatten. Ich habe versucht, das Mahl in der Schweiz nachzumachen, aber es fehlte der Duft des liparischen Gartens, und die Sardinen entbehrten der vulkanischen Wildheit der Insel.
Fischlein aus der Friture sind für mich mit zwei Frauen eng verbunden. Die eine war die Fischli-Wirtin in Würzburg. Die hatte an einer Nebengasse ein dunkles Lokal, wo man gebackene Fischli bekam – aus

Gründen, die mir nicht bekannt sind, gibt's in Würzburg die gleiche Endung li wie bei uns in der Schweiz. Die Fischli-Wirtin sah recht behäbig aus, aber ihre Fischli waren schlank und rösch und kamen direkt aus dem Main. Auf dem Umweg über die Friture. Dazu trank man Sylvanerwein. Die zweite Frau war von völlig anderer Art, und die Fische auch. Sie kamen aus dem Mittelmeer. Wir assen sie in einer Trattoria im Hafen von Fiumicino bei Sonnenuntergang, ein Frachter namens «Montanari» kam gerade eingefahren. Zu den fritierten Fischlein gab es Tomatensalat und frisches Brot. Zwei Tische entfernt sass inmitten von Freunden eine Frau, die Sie alle kennen: Sophia Loren. Sie ass die Fischlein mit den Fingern und einer bezaubernden Eleganz, wobei jedes einen Umweg machen musste vom Teller bis zum Mund, denn Sofia ist vorne alles andere als flach.

Italien ist ein Dorado für Fische – die grösste Distanz bis zum Meer beträgt 200 km, von irgendeinem Ort aus gemessen. Frische Fische gibt's deshalb überall. Und wie sie zubereitet werden. Meistens von Frauen. Mein Lieblingsrestaurant liegt in Sacca, nördlich von Parma beim Po, und heisst «Ristorante Stendhal di Bruno»; so viele Fischgerichte wie bei Bruno habe ich noch in keinem anderen Restaurant in Italien a) gegessen und b) genossen. Ich habe über Brunos «Ristorante Stendhal» einen Artikel geschrieben und ihn dem Bruno geschickt. Er hat ihn vom Pfarrer auf Italienisch übersetzen lassen, im Weltformat gedruckt und ihn eingerahmt an die Wand gehängt.
Zwei Zubereitungsarten von Fischen sind weltberühmt geworden: Bouillabaisse und Matelote. Die Bouillabaisse stammt aus Marseille, aber man bekommt sie auch weiter östlich an der Küste bis nach Toulon. Ein Rezept für die einzig richtige Bouillabaisse gibt es nicht. Man bereitet sie aus dem, was man aus dem Meer gezogen hat, und das wechselt je nach dem Glück der Fischer. Einzige Vorschrift ist: man verwendet keinen Wein. Den trinken die Fischer lieber direkt. Hingegen wird die Matelote mit Wein zubereitet. Ihre Weltberühmtheit verdankt sie Paul Haeberlin in Illhäusern bei Colmar. Er hat das Rezept seiner Tante Henriette, bei der er die Liebe zum Kochen lernte, auf seine Art erweitert und kocht die Matelote natürlich mit Elsässer Riesling. Kürzlich wurde er, zusammen mit Paul Bocuse, zum Ehrenbürger der Wiege der Elsässer Weine, des Städtleins Eguisheim, feierlich erhoben. Matelote wird ausschliesslich aus Süsswasserfischen zubereitet. Wenn die Tafelgesellschaft zum Goldenen Fisch, die seit 25 Jahren das Interesse der Gourmets für Fischgerichte aus See- und Flussfischen der Schweiz fördert, vielleicht einmal auf unsere Nachbarländer übergreift – Paul Haeberlin wäre gewiss der würdigste Kandidat im Elsass …

Hanns U. Christen (-sten)

Worin sollen Fische schwimmen?

Am liebsten schwimmen Fische in dem Wasser, in dem sie aus dem Ei geschlüpft sind. Bei den Lachsen ist das etwas komplizierter – die machen lange Wanderungen, weil's ihnen in anderen Wassern scheint's auch gefällt. Ist ein Fisch aber einmal zubereitet, so soll er nicht im Wasser schwimmen. Dann braucht er eine schmackhaftere Flüssigkeit als Begleitung. Am allerbesten natürlich Wein.

Weine gibt es in unerschöpflichen Varianten. Fische sind in eher beschränkter Zahl zu bekommen, und von den erhältlichen eignet sich nur eine recht kleine Zahl für den Tisch des Gourmets. Schon gar, wenn es sich um Süsswasserfische handeln soll. Ich habe gerade das Manuskript dieses Buches durchgeblättert und darin dreizehn verschiedene Fische aus Seen und Flüssen und Bächen und Teichen gefunden. (Insgesamt werden im Spitz bisher deren 19 angeboten.) Ihnen stehen so um die 30 000 verschiedene Weine gegenüber, die der Handel liefern kann. Auf einen Fisch kommen also etwa 3000 Weine, von denen jeder etwas anders duftet und schmeckt als die 2999 anderen. Was die Wahl nicht gerade erleichtert, oder?

Nach den klassischen Regeln der Tafelkunst sollte man zu Fisch stets Weisswein trinken. Das schränkt die Zahl der möglichen Begleitweine, in denen der Fisch zu schwimmen hat, beträchtlich ein. Aber: stimmt diese Regel überhaupt noch? Sie entstand nämlich in Zeiten, da Rotweine ganz anders schmeckten als heute. Viele von ihnen waren, aus kellertechnischen Gründen, stark oxydiert. Das gab ihnen einen Geschmack von Madeiraweinen, der gar nicht gut zu Süsswasserfischen passen will. Dazu kam, dass die roten Weine von den in der Maische mitgegorenen Kernen, Häuten und Stielen der Trauben sehr viele harte Gerbstoffe aufwiesen, die oft noch durch Gerbstoffe aus dem Holz der Fässer verstärkt wurden. Die in chemischer Sicht recht einfachen Fette und Eiweisse des Fischfleisches wurden von diesen aggressiven Gerbstoffen sehr rasch verändert, und das gab dann in Nase und Mund einen unangenehmen Geruch und Geschmack. Fisch zusammen mit Rotwein dieser alten Art tat etwas sehr Ungutes: er stank. Daher der Rat, nur Weissweine zu Fisch zu trinken. Sie werden anders gekeltert als Rote, nämlich mit raschem Abpressen des Mostes und ohne die aggressiven Gerbstoffe junger Fässer – was eher angenehme Empfindungen ergab.

Damals wurde sehr oft Bier zu Fisch getrunken. Bier ist frei von Gerbstoffen und passt deshalb gut zu Fisch. Nur hat es andere Fehler: es schmeckt bitter, enthält meistens Kohlensäure und dazu Aromastoffe, die keine hochwertige Ergänzung zum Fischgeschmack abgeben. Am besten passt Bier zu den fettreichen, aufgespiessten «Steckerlfischen», was Makrelen vom Grill sind, die in Bayern an Bierfesten angeboten und in Mengen konsumiert werden. Das schmeckt zusammen gut und bodenständig, ist recht nahrhaft und gibt Fettflecken auf den Kleidern – aber kulinarisch wertvoll ist es kaum.

Heute ist das anders geworden mit Wein und Fisch. Eine grosse Zahl von Rotweinen werden mit sehr wenig Tanninen bereitet, weil man die Traubenbeeren vor dem Pressen abbeert, also von den Stielen befreit. Ausserdem sind moderne Traubenpressen so eingerichtet, dass sie zwar den Saft aus den Beeren drücken, aber die gerbstoffreichen Kerne und noch vorhandene Stiele nicht zerdrükken. Ganz früher, im alten Rom, wurden Weine auf ähnlich schonende Art bereitet: man presste den Saft aus den Trauben, indem man mit nackten (und zuvor gewaschenen) Füssen auf ihnen herumstampfte. Der Druck reichte aus, um den Most auszupressen, aber er war zu schwach, um Gerbstoffe aus Kernen und Stengeln herauszuholen. Leider hat Karl der Grosse vor etwas weniger als 1200 Jahren diese Technik verboten. Ausgeübt wird sie aber noch immer, aber nur in abgelegeneren Gegenden oder dort, wo die Tradition der Weintechnik es gebietet.

Sehr tanninreiche Rotweine gibt's heute noch: ganz junge, hochklassige Bordeaux zum Beispiel, ferner einige portugiesische Rote, manche rote Hausweine, vor allem im Süden. Bei uns werden seit ein paar Jahrzehnten Rotweine mit nur sehr wenig Gerbstoff, aber mit viel fruchtigem Aroma bevorzugt, die gut zur modernen Küche passen – und auch zu Fisch.

Da nicht auf den Etiketten steht, ob ein Rotwein Gerbstoffe enthält, und auf den Weinkarten meistens auch nicht, gibt's zwei Wege. Entweder kennt man sich selber aus – oder man fragt das sachkundig ausgebildete Servierpersonal (nötigenfalls den Wirt oder den Küchenchef). Trinkt man den Wein zu Hause, so erkundigt man sich beim Kauf – was voraussetzt, dass im Laden jemand ist, der/die auch wirklich beraten kann. Was heutzutage fast nur noch in Weinspezialgeschäften vorkommt. Ich habe schon vor mehr als dreissig Jahren in einem sehr guten Betrieb als Dessert die Spezialität des Hauses bestellen wollen, nämlich Saint-Honoré, und da sagte die Serviertochter «Es tut mir leid, aber wir führen keinen Wein!». Saint-Honoré ist ein Kuchen mit viel Creme, aber sie hat gemeint, es sei ein Bordeaux ...

In den Restaurants, die dem «Goldenen Fisch» angehören, legt man natürlich besonderen Wert auf richtige Weininformation. Der Idealzustand wäre, wenn auf der Weinkarte jeweils steht, zu welchem Wein welche Fische am besten passen – und auf der Speisekarte dann umgekehrt: zu welchem Fisch welcher Wein. Ich habe das erst einmal erlebt, in einem ****-Hotel, aber es dauerte nur kurze Zeit und wurde dann von oben herab untersagt.

Ein paar einfache Regeln und/oder Tips über «Fisch und Wein» kann man aber aufstellen und sich merken.

Grundregel: zu Fischen ohne starken Eigengeschmack trinkt man einfache, blumige Weine. Zum Beispiel zu Forelle blau einen jungen Waadtländer oder einen süffig bereiteten Fendant, einen leichten Riesling-Sylvaner oder einen Sylvaner aus dem Elsass, dem deutschen Frankenland (Bocksbeutel!) oder Südbaden. Auch italienischer Weisswein passt: Pinot Grigio, Trebbiano, Albana, Riesling Italico. Grüner Veltliner aus der österreichischen Wachau eignet sich ebenso. Soll's ein Wein aus Rotweintrauben sein, so wählt man am besten einen trockenen Rosé aus Frankreich oder einen Rosato aus Italien. Doch Vorsicht: manche von ihnen haben etwas Süsse, und ich glaube kaum, dass bei uns jemand Forelle blau mit süsser Begleitung schätzt – ausser sie sitzt neben ihm, hat einen weiblichen Vornamen und ist überhaupt kein Fisch.

Einfache, blumige Weine können auch im Sud bereitete Fische gut ergänzen. Ebenso Fische, die à la Meunière, im Steamer gegart oder in Weisswein zubereitet wurden. Vorsicht ist bei Riesling als Kochflüssigkeit geboten: ein richtiger Riesling ist recht reich an Säure und verlangt als Begleitwein ebenfalls einen Riesling, wenn nicht gar einen Weisswein aus dem Burgund.

Ein Wort sei hier zu Schweizer Weissweinen gesagt. Es entspricht dem Geschmack der Schweizer, dass einheimische weisse Weine mit «biologischem Säureabbau» sehr säurearm bereitet werden. Zu den meisten Fischgerichten werden aber Zitronenschnitze als Würze serviert. Drückt man ihren Saft auf die Fische, so erscheinen die eleganten Weine aus dem Waadtland, die Genfer und der Fendant, aber auch die Ostschweizer Weissweine aufs Mal nahezu charakterlos, mild und oft sogar wässrig. Rettung: entweder auf den Zitronensaft verzichten, einen Weisswein mit mehr Charakter wählen – oder einen Rotwein. Zum Beispiel Blauburgunder aus dem Baselbiet, Pinot Noir aus dem Waadtland, einen Dôle oder einen Roten aus dem St.Galler oder dem Bündner Rheintal. An ausländischen Rotweinen eignen sich: Beaujolais, Côtes-de-Provence, Chianti Classico mittlerer Qualität, Blaufränkisch aus dem österreichischen Burgenland (ohne Barrique-Reifung!), Bardolino aus dem Veneto, Vernatsch aus dem Südtirol.

Gebratene und gebackene Fische, kräftig gewürzte Fischragoûts, in Teig zubereitete Fische, à la Bâloise gebratene oder mit Sauerkraut begleitete Fische, benötigen Weissweine mit recht viel Substanz und/oder kräftiger Säure: Ruländer oder Pinot Gris, Weissweine aus dem Burgund, weisse Walliser Spezialitäten, Dézaley aus besonders gutem Jahr, Riesling aus dem Elsass oder trockenen deutschen Riesling, Pinot Rosso in Bianco aus dem Oltre Po Pavese. Gut schmecken weisser Côtes-du-Rhône und weisser Château-Neuf-du-Pape. Als Roséweine sind zu empfehlen die hell gekelterten Bairradas aus Portugal, aus Frankreich Lirac und Tavel, aus dem Wallis Œil de Perdrix. Von roten Wei-

nen sind gute Fischbegleiter für charaktervolle Gerichte: Valpolicella aus dem Veneto, Magdalener aus dem Südtirol, Pinot Noir du Valais, ältere Burgunder, Periquita aus Portugal, argentinische und chilenische Rote. Für diese Art von Speisen dürfen Rotweine sogar etwas Tannin enthalten. Die heutigen Kellermeister ziehen ja den Gerbstoff vor, der aus dem Holz der Fässer kommt und wesentlich weniger aggressiv ist als das krautige, grasige, herbe Tannin aus Kernen und Stengeln der Trauben.

Diese Tips können natürlich nur ein paar der vielen möglichen Weine nennen, aber die meisten von ihnen kommen häufig auf den Getränkekarten der Schweizer Restaurants vor und sind in Weinhandlungen zu haben. Persönliche Beratung kann aber durch diese Tips nicht ersetzt werden. Der beste Helfer ist noch immer der erfahrene, kulinarisch gebildete Fachmann – oder noch besser: die Fachfrau. Zu den vielen anderen guten Eigenschaften der Frauen kommt ja noch eine hinzu: sie haben die bessere Nase und den besseren Gaumen zum Degustieren und können meistens das Zusammenspiel von Wein und Speisen ausgezeichnet abschätzen...

Hanns U. Christen (-sten)

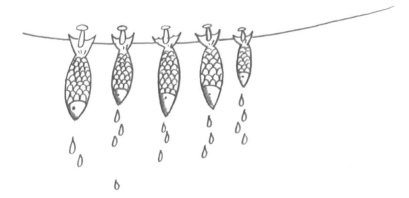

Das Fischereiwesen in Basel

Bedeutung

Die Fischerei war im alten Basel viel bedeutsamer als heute, denn unsere Gewässer waren reich an Fischen und diese als Volksnahrung willkommen und namentlich in Fasten- und Teuerungszeiten hochgeschätzt. Eine Speiseordnung von zirka 1185 gewährt uns einen Einblick in die Reichhaltigkeit der Fischgerichte. Der Dompropst hatte die 24 Domherren zu Weihnachten und Ostern jeweils während vier Tagen mittags und abends im Refectorium zu bewirten, wobei mittags neun Gänge vorgeschrieben waren. Fiel ein Fasttag dazwischen, so wurden Lachs mit Sulz, Balchen mit Senf, in Öl gesottene Salmen mit Lauch, Forellen mit Essig, Hechte und andere grössere Fische aus dem Rhein, Seehechte mit Pfeffer, Albelen mit Semmeln aufgetragen. Gewöhnlich war man aber bei den Fischmahlzeiten viel genügsamer. Es ging höchstens eine Eingangsspeise voran; die Fischgerichte, mit Wein und ausgesuchten Gewürzen zubereitet, wurden dann aber ohne Beikost gegessen, nur mit Brot. Der Fisch bildete nicht nur das Hauptgericht beim Zunftessen der Fischer, in der Küche jeder Zunft hingen grössere und kleinere Fischkessel, und Fischmahlzeiten waren allgemein üblich. Selbst zur Besoldung der Mitglieder des Kleinen Rates gehörten neben 6 Klafter Holz, 600 Wellen und der Martinsgans auch Salmen und Nasen.

Man unterschied die kleine Fischerei, den Fang von Aeschen, Hechten, Karpfen, Egli, Brachsmen, Alzen, und die grosse Fischerei, der weit höhere Bedeutung zukam.

Neben dem Lachs wurden nur die Nasen in grösseren Mengen gefangen. Die erste Stelle nahm aber der Lachsfang ein, und um ihn drehten sich auch die vielen Streitigkeiten und Verordnungen über die Fischerei. Der Lachs, ein Verwandter der Forelle, ist seines grätenlosen, wohlschmeckenden Fleisches von rötlicher Farbe wegen sehr geschätzt. Er ist ein Meerfisch, der zu Anfang der rauhen Jahreszeit in langsamer Wanderung stromaufwärts zieht, um dort in der Zeit vom November bis Januar zu laichen und nachher wieder abzusteigen. Der Lachs stiess dabei bis an den Rheinfall und in die Aare, Limmat und Reuss aufwärts bis in die Gegenden von Bern, Zürich und Luzern vor. Der Lachsfang fiel in Basels Umgebung sehr reichlich aus. Es soll eine Zeit gegeben haben, da die Dienstboten zur Bedingung machten, dass ihnen in der Woche nicht mehr als zweimal Salm verabreicht werde. Das ist zwar für unsere Stadt nicht erwiesen, wird aber von Laufenburg berichtet, wo die Stromschnellen des Laufen den Lachsfang ganz besonders begünstigten. Es dürfte sich dabei immerhin um frühere Zeiten oder auserordentliche Verhältnisse handeln, denn im allgemeinen stand der Lachs hoch im Kurs. Er kam bei den grossen Zunftessen des hohen Preises und der Menge wegen wenig in Frage, im kleinen Kreise stand er aber nebst Forelle und Aeschen auf dem Ehrentisch. Auch der venetianische Gesandte beim Konzil bezeugt den hohen Preis, indem er schreibt: «Man verkauft nach dem Augenmass und teuer wie Blut». Später

Déformation professionnelle

wurden für die Zeiten starken Anfalls weitere Absatzgebiete erschlossen, so dass bald schon dem Raubbau gewehrt werden musste, da Sälmlinge verkauft und sogar Rogen nach andern Flussgebieten abgesetzt wurden. Man verbot daher den Verkauf von zu kleinen Fischen und setzte Schonzeiten zugunsten der laichenden Fische fest. Das Fischen mit der Angel aber gestattete der Rat in allen öffentlichen Gewässern, nur sollten die Leute nicht tagelang an den Bächen sitzen, wodurch diese vollkommen entvölkert zu werden drohten, sondern sich begnügen, mit den Ihrigen etwa alle 14 Tage ein Fischessen zu halten.

Hümpelergesellschaft – Vorstadtgesellschaft zur Mägd

Die St. Johanns-Vorstadt hiess ursprünglich Vorstadt zum Kreuz; sie erstreckte sich nämlich im Anschluss an das Kreuz, das an der Stelle des nachmaligen St. Johann-Schwibbogens stand. Ihren späteren Namen erhielt sie von den Johanniter-Rittern, die sich wie auch die Prediger und Antoniter im Laufe des 13. Jahrhunderts in der Vorstadt ansiedelten. Neben diesen drei geistlichen Niederlassungen waren in der Vorstadt hauptsächlich Fischer ansässig.

Sie wohnten in ärmlichen Hütten auf der Rheinseite und müssen sich schon früher in der sogenannten «Gemeinen Fischergesellschaft der Hümpeler» zusammengefunden haben. Ihr Gesellenhaus stand gegenüber dem Predigerkloster. Die Fischer wachten darüber, dass die Vorstadtpflichten und -rechte beachtet wurden; sie sorgten für Ordnung bei Feindes-, Feuer- und Wassernot.

Als sich immer mehr andere Berufsleute in der Vorstadt niederliessen, erschien es gegeben, dass diese Rechte und Pflichten, die bisher den zirka 20 Fischern allein zustanden und von ihnen getragen werden mussten, an eine allgemeine Vorstadtgesellschaft übergingen. Diese nannte sich später, nachdem sie 1517 das Haus zur Mägd erworben hatte, nach diesem Gesellschaftshaus. Nach der 1535 vom Rate erlassenen Ordnung hatte sie für die Erhaltung eines ehrsamen und friedsamen Lebens, für gute Ordnung überhaupt besorgt zu sein, die Strassen- und Brunnenpolizei auszuüben und Übertreter zu bestrafen.

Schon die Hümpelergesellschaft hatte vermutlich im Auftrag des Rates eine gewisse Aufsicht über die Fischerei geführt. Diese Befugnisse wurden sonderbarerweise nicht der Zunft übertragen, sondern beim Übergang mit den Vorstadtobliegenheiten an die Gesellschaft zur Mägd weitergegeben und ausgebaut. Sie erhielt die Rechtsprechung über die Fischerei, über das Auf- und Abdingen der Lehrjungen, das Meisterwerden, sie wählte die Rheinvögte und hatte in allen strittigen Fällen zwischen Basel und den Fischweiden von Gross- und Kleinhüningen und dem Neudorf zu schlichten. Auch als der badische Markgraf 1640 das ausgesprochene Fischerdorf Kleinhüningen mit allen Rechten und Gerechtsamen an die Stadt verkaufte, wurden die Kleinhüninger Fischer frischerdings der Gesellschaft zur Mägd unterstellt. Diese hatte in Grosshüningen jederzeit einen Rheinvogt und in den andern Dörfern des Fanggebietes zwei vereidete Aufseher, die Bussen verhängten und einzogen. Am Aschermittwoch, da die Fischer auf dem Gesellschaftshaus zur Mägd ihre üblichen Zunftmahlzeiten hielten, musste allgemein Rechnung abgelegt werden.

Es gab viele Zänkereien zu schlichten, viele Fischfrevel zu ahnden. 1634 hatte die Gesellschaft zur Mägd beispielsweise die Streitigkeiten des Jakob

Sigrist, Ratsherr zu Schiffleuten, mit Jakob Erlacher, Meister zu Fischern, beizulegen. Anderseits mussten auch Deputierte des Rates oder sogar Bürgermeister und Rat selbst eingreifen, um in besonders umstrittenen Fällen Vergleiche zu erzielen oder ein Machtwort zu sprechen. Die Zuständigkeit der Gesellschaft zur Mägd war so verwurzelt, dass sich noch 1826 das Justiz- und Polizeikollegium bei Beratung einer Fischereifrage an die Gesellschaft wandte.

Der Kleinhüninger Lachsfangstreit von 1736

Von alters her hatten die Besitzer des Dorfes Kleinhüningen den Lachsfang am Ausfluss der Wiese durch ihre Untertanen betreiben lassen, die den dritten Fisch an die Herrschaft abliefern mussten. Mit dem Erwerb des Dorfes war das Recht an Basel übergegangen und der Obervogt bezog diese Gefälle als einen Teil seines Einkommens. Jahrzehntelang nützten die Kleinhüninger die Vorteile ihres Fanggebietes ungestört aus, bis 1682 die Grosshüningerfischer auf das rechte Ufer vorstiessen und dort ihre Netze warfen. Sie zogen sich nach kurzer Rauferei zurück, aber dieser erste Übergriff beunruhigte bereits die Basler, da sie ihn mit dem Bau der drei Jahre zuvor begonnenen Festung und den Arbeiten der Franzosen am rechtsrheinischen Brückenkopf in Zusammenhang brachten. Von 1725 an wiederholten sich die Versuche der Elsässer, am Ausgang der Wiese zu fischen. Es kamen nun die Neudörfer, denn infolge des Festungsbaues war das hierseits des Kanals gelegene Dorf Grosshüningen grösstenteils abgetragen und den Bewohnern unterhalb der Festung Land zur Besiedelung angewiesen worden. Die Raufereien bei der Abwehr der Eindringlinge zeitigten vorläufig keine weitern Folgen, als

aber 1735 die Kleinhüninger mit vermehrter Gewalt von ihren Netzen verjagt wurden, erhob der Rat zu Basel Beschwerde. Die Festungsbehörden und der Intendant in Strassburg versteiften sich auf ein nie besessenes Recht und verschleppten die Erledigung.

Der Beginn der neuen Fangzeit brachte auch eine neue Herausforderung. Der Rat zu Basel hatte den Kleinhüningern aber geboten, keine Gewalt anzuwenden, sondern sich gegebenenfalls zurückzuziehen. Schon durch diesen Ratsbeschluss mit Unwillen erfüllt und über die Verluste am ersten Fangtag empört, forderten die Kleinhüninger im geheimen die Fischer der Stadt, an die formell keine Ermahnung ergangen war, auf, in den Streit einzugreifen. Trotz nachträglichen Verbotes kamen die Baslerfischer am folgenden Morgen den Elsässern zuvor; diese aber erhielten unverzüglich Verstärkung durch die unter ihrem Ammann am Ufer bereitstehende Neudörferreserve. Anderseits griffen nun auch die Kleinhüninger ein und, be-

stürmt von den mitausgezogenen Frauen, schlug der alte Dorfwächter Alarm. Man geriet mit Rudern, Riemen und Stangen aneinander, wobei die Neudörfer den kürzern zogen und das Feld räumten.

Schon folgenden Tages verlangte der kommandierende General die Auslieferung der Fehlbaren, und Kriegskommissar de Payen bauschte gegenüber dem Intendanten in Strassburg wie dem französischen Botschaftssekretär in Solothurn die Rauferei zu einer wahren Schlacht mit vielen und schweren Verletzungen auf und erwirkte in Strassburg die Sperre gegenüber Basel. Die Ablieferung der fälligen Zehnten und Zinsen unterblieb, die Durchfuhr von Kaufmannsgütern wurde unterbrochen und unter anderem ein Basler Brüderpaar, das sich just in Hegenheim aufhielt, für mehrere Monate in die Citadelle von Strassburg abgeführt.

Der Rat von Basel setzte die Beteiligten in harte Haft und bemühte sich um die Aufhebung der Sperre. Aber seine Abordnung wurde in Strassburg wie in Solothurn sehr unfreundlich empfangen; de Payen hatte mit seinen rabulistischen Machenschaften die Stadt gründlich angeschwärzt und es namentlich auf den Obervogt Frey als Sündenbock abgesehen. Man begnügte sich französischerseits nicht mit der Gefangennahme der Beteiligten, sondern verlangte auch strenge Bestrafung des Obervogtes und des Tambours, der versicherte, nicht den Generalmarsch geschlagen, sondern auf das Geschrei der Weiber nur etwas «gerumpelt» zu haben. Auch wurden deutliche Beweise der Ergebenheit gegenüber seiner Majestät, dem König gefordert. Am französischen Hof schenkte man den lügenhaften Angaben und Übertreibungen de Payens ebenfalls unbedingten Glauben, und der leitende Staatsminister, Kardinal de Fleury, schrieb in ungnädiger Weise nach Basel. Da wandte sich die Stadt mit einer ausführlichen Rechtfertigung direkt an ihn und bat zudem in einem Schreiben an den König um die Aufhebung der Grenzsperre. Der Rat erging sich in bombastischen Beteuerungen tiefster Ehrfurcht und Ergebenheit gegenüber dem erhabensten Monarchen – dabei handelte es sich um den Wüstling Ludwig XV. Der Rechtsstandpunkt allerdings wurde in dem Schreiben gewahrt, was als schwache Stelle der Gegenseite dort neuerdings aufreizend wirkte; der Obervogt sollte ausgeliefert und das Urteil über die weitern Beteiligten vom König gefällt werden. Dabei vermochten es die diplomatischen Ränke der französischen Botschaft, die eidgenössischen Stände davon abzuhalten, sich Basels Notlage anzunehmen. Da entschloss sich Obervogt Frey, seiner Stadt das Opfer zu bringen und sich freiwillig zu demütigen. Er reiste nach Paris und fand dort Gnade. Die Sperre fiel, die in Strassburg gefangen gehaltenen Basler wurden in Freiheit gesetzt, die Aburteilung der eigenen Gefangenen überliess man der Basler Rechtspflege und die Lösung der Grenzfragen übertrug man beidseitigen Kommissären. Am 12. Februar kehrte Obervogt Frey aus Paris zurück und sofort fällte der Rat das Urteil über die gefangenen Fischer, die in den kalten Kerkern auf den Schwibbögen diese Wintermonate über arg gelitten hatten. Die meisten Angeklagten wurden mit geringfügigen Geldstrafen belegt, zwei Mitglieder des Grossen Rates für ein halbes Jahr von den Sitzungen ausgeschlossen und der Tambour Gräfle musste bis auf weiteres den «Lasterstecken» tragen.

Es stellte sich nachträglich heraus, dass die Händel von französischer Seite angestiftet worden waren, um in einer feindlichen Handlung ein willkommenes Streitobjekt zu finden. Die Frage über das Recht des Lachsfangs am Ausfluss der Wiese war nebensächlich; es handelte sich vielmehr um den Besitz des baslerischen Teils der Schusterinsel, der für den Ausbau eines rechtsrheinischen Brückenkopfes wichtig war; es ging also im Grunde um den Bann, der Streit um die Fischerei war nur Vorwand. Nachdem es Frankreich nicht gelungen war, durch den Missbrauch seiner Gewalt das Recht zu seinen Gunsten zu brechen, verblieb das Fischereirecht an der Wiese auch weiterhin den Baslern, die Schusterinsel aber wurde 1810 durch Napoleon in Besitz genommen. Zwei Abschnitte aus der Feder unseres Basler Zunftforschers Dr. Paul Kölner mögen das Bild mittelalterlicher Fischereigeschichte beleben, wobei kleinere Wiederholungen nicht ganz vermieden werden konnten. Unser Gewährsmann schreibt in «Anno Dazumal» 1929:

Fischer und Fischerei
«Das Fanggebiet der Basler Rheinfischer und Hümpeler erstreckte sich aufwärts bis nach Augst, stromabwärts bis zur Kapelle bei Rheinweiler. Das war der Bezirk des Basler Rheinrechts. Unter dieses gehörten also auch die in Hüningen, Märkt, Istein sitzenden

Weidgenossen. In diesem Gebiet sprachen die Basler Fischer das Recht bei Berufshändeln und ahndeten begangene Rheinfrevel.

Über die Zeit des Fischens galt folgende Vorschrift: An hohen Feiertagen und an allen Sonntagen durfte der Rhein «nicht gebraucht» werden. Beim Läuten der Betglocke am Vorabend obgenannter Tage sollte der Fischer aufhören zu fischen, er sei wo er wolle. Denselben Abend sollte man heimfahren und feiern bis zum andern Abend, da im Münster die Nachtglocke geläutet wurde. Fuhr ein Fischer zur Unzeit, so wurde er mit einer hohen Geldstrafe gebüsst.

Der Rat selbst regelte Fischhandel und Fischmarkt. Er verbot den preisverteuernden Fürkauf und Zwischenhandel im ganzen Gebiet der Basler Bannmeile, deren Grenze von Märkt gegen Riehen bis zum Hornfelsen und nach Kleinbasel lief, während sie sich linksrheinisch von Münchenstein über Binningen, Allschwil, Hegenheim und nach Märkt erstreckte.

Einmal in die Stadt gelangte Fische durften nur mit Erlaubnis des Rates oder der drei von ihm ernannten Fischherren wieder ausgeführt werden. Nur der Einheimische, der die Zunft besass und eigene Weiher und Gewässer, in welchen er Fische zog, war zum Fischverkauf berechtigt. Die Stadt selbst besass ausser ihren Fischweiden in der Birs und Wiese einen obrigkeitlichen Fischteich, draussen vor dem Spalentor, in dem Dorenbach gespeisten Teuchelweiher bei der Schützenmatte. Auf seiner Oberfläche lagerten die hölzernen, gebohrten Leitungsrohre (Teuchel) für das städtische Brunnennetz. Grund und Tiefe aber beherbergten eine Menge Karpfen und Weissfische, deren Bestand durch Einsetzung von Jungfischen gemehrt wurde. Von Zeit zu Zeit liess der Rat den Weiher ausfischen, und alljährlich lieferte er den Stadtvätern und ihren Gästen den Bedarf zu einem fröhlichen Fischessen aus der Trinkstube «zum Brunnen».

Schauplatz des Fischkaufes und Verkaufes war der Fischmarkt. Auf dessen Platz, inmitten des geschlossenen Häuserrings mit den zahlreichen Goldschmiedegewölben, der Laube mit den Tischen der Geldwechsler und Münzer, standen um den schönen, bildgeschmückten Brunnen die vom Rat an die Verkäufer verliehenen Fischbänke, auf denen die «grünen» (lebendfrischen) Fische feilgehalten wurden. Da sah man fette Rheinsalme und Felchen aus den Schweizerseen. Daneben in hölzernen Logeln dicht aneinander gedrängt Hechte, Karpfen, Nasen und Barben aus den Altwassern des Rheins, dunkle Forellen der Jurabäche und schuppenschimmernde Ware aus den ergiebigen Fischweiden der Wiese und ihren Nebenwassern, dem Otterbach und Katzenbach.

Der gewaltigen Fangergebnisse wegen spielte zur Frühlingszeit die Nase eine grosse Rolle. Im Jahre 1664 war der Fang so reich, dass 200 000 Stück eingetan wurden. Das Stück kostete einen Rappen. Noch in den 1840er Jahren wurden während der Laichzeit allein an der Birsmündung Mengen bis zu 100 000 Stück gefangen. Besonders reges Treiben herrschte auf dem Fischmarkt zur Zeit des stärksten Fischverbrauchs, von der Fastnacht bis Ostern. Da hatten die drei Fischmarktherren und die geschworenen Fischbeschauer der Arbeit genug. Sie erhielten vom Rat für ihre Mühewaltung alljährlich auf Ostern ein Lamm. Die Marktherren entschieden, ob die Fische «gerecht und gut und des Marktes würdig seien». Kein Fischer durfte daher «unbesehen» seine Fische verkaufen. Verendete Fische durften nicht mit grüner Ware zugleich ausgelegt werden, sondern kamen auf der «Schelmenbank» zum Verkauf. (Schelm bedeutete auch Aas). Schlechte, ungeniessbare Ware aber musste unverzüglich in den Rhein geschüttet werden. Neben den ansässigen Fischern sah der Fischmarkt stets auch eine Anzahl «Ausmänner», d.h. fremde Fischer, namentlich vom Vierwaldstätter- und Sempachersee. Diese regelmässig kommenden Luzerner führten grüne und gesalzene Fische auf ihren Fahrzeugen herab. Ihre Anwesenheit sah der Basler Rat gerne und lieh den «Oberländern»… seinen Schutz. Wie die städtische Regierung den Fischhandel zur Versorgung der Einwohnerschaft überwachte, so traf sie auch schon frühe Massnahmen zum Schutze der Fischzucht. Man verbot Fang und Verkauf zu kleiner Fische und setzte Schonzeiten für die laichenden Fische fest. Ferner musste sich die Maschenweite der Netze nach Mustermaschen richten, die sich in Gewahrsam der Zunft befanden. Mit besonderer Schärfe ging der Rat gegen gewissenlose Fischräuber vor. Als sich in den 1520er Jahren etliche unterfingen, mit verbotenen Fanggeräten zu fischen, bedrohte die Obrigkeit diese Frevler mit Augenausstechen.

Vom Salm

Keinem Fisch wurde in Basel grössere Aufmerksamkeit geschenkt als dem Salm. Er galt in der alten Rheinstadt als das erste und vornehmste Schuppenwild, dem die Fischer, seines Wertes eingedenk, sogar die Adelsbezeichnung «Junker» beilegten. Salm hiess nach Basler Brauch der Fisch, so lange die Tage wuchsen; Lachs wurde er genannt, so lange die Tage abnahmen.

Je nach der Jahreszeit also verschieden bezeichnet, paradierte dieser stattliche Vertreter seiner Sippe sozusagen bei jedem grossen Festmahl. Und wenn Basel in reichgeübter Gastfreundschaft seine Besucher ehrte, fremde Gesandte und hohe Würdenträger bis hinauf zu des Deutschen Reiches Oberhaupt, so durfte unter den üblichen Gastgeschenken der Salm nie fehlen. Er war aber nicht minder das Lieblingsgericht des wohlhabenden Bürgers. Chronikschreiber geistlichen und weltlichen Standes ermangelten nie, Teure und Wohlfeilheit des

Vielbegehrten mit der gleichen Wichtigkeit zu buchen wie Misswuchs oder Vollernte der Brotfrucht. So wird zum Beispiel als unerhörtes Ereignis gemeldet, dass im Mai 1473 ein Salm gleichviel kostete wie 15 Säcke Roggen.

Eine ganze Menge Verordnungen und Marktvorschriften galten ausschliesslich dem Salm. Auf dem Fischmarkt waren den Salmen nach dem Grad ihrer Güte besondere Plätze angewiesen. Schon der Zunftbrief von 1354 bestimmte, dass nicht verkauften Salmen die Schwänze abgeschlagen werden mussten. Damit machte man die Fische für den nächsten Markttag als nicht mehr erstklassige Ware dem kaufenden Publikum kenntlich. Wer marktunwürdigen Salm anbot, ward ohne Gnade für einen Monat aus der Stadt verwiesen. Entsprechend seiner Grösse kam der Salm nicht ganz, sondern zerschnitten zum Verkauf. Vorschriftsgemäss musste jeder Fisch durch den «Salmschneider» in acht Teile gehauen werden. Ein solcher Achtel hiess «Haufen». Bei der Teilung sollte darauf geachtet werden, dass sie gleichmässig geschah und nichts davon genommen wurde, es wäre «Hauptstück, Augstück, Federstück, noch Schwanz». Einmal zerschnittene Salme, die am gleichen Tag nicht Absatz fanden, durften keinesfalls mehr auf den Fischmarkt kommen. Für den Salmenverkauf waren die von der Obrigkeit festgesetzten Preise massgebend, nach denen man den Fisch je nach seiner Güte als überschwenkigen Junker, guten Junker, gefügigen Junker und schlechten Junker unterschied.

Bei der Bedeutung, welche dem Salm in Basels Fischhandel und Haushalt zukam, ist es klar, dass das zünftige Handwerk seinem Zug und Fang die grösste Aufmerksamkeit schenkte. Genaue Vorschriften regelten die Fisch-

weide während der Zeit des Hauptzuges der Lachse im November und Dezember. Weit zurück lässt sich auch das Bestehen von Lachsfallen und Salmwaagen auf Basler Grund und Boden verfolgen. Eine Waage «in dem Rine ze obern Basel» wird schon 1333 in den Urkunden des Klosters Klingental genannt. Erwähnung findet auch früh die «Burgwog», eine unterhalb des Münsters bei der Pfalz angebrachte Fangvorrichtung. Im Jahre 1661 liess die baslerische Obrigkeit selbst, unter der Leitung des Bürgermeisters Wettstein, am Fusse der Pfalz eine Salmwaage anlegen. Sie hatte zugleich den Zweck, durch ihren Vorsprung ins Wasser den Strom zu brechen. Die von der Obrigkeit dort mit dem Fang betrauten Fischer erhielten von jedem erlegten Salm sechs Batzen. Grundeis soll später diese Waage zerstört haben. Sie wurde nicht mehr erneuert, weil sich nicht nur die Fischer und Besitzer anderer Waagen dagegen sträubten, sondern auch die Bewohner Kleinbasels, da die Strömung zu stark gegen ihr Ufer gelenkt wurde.

Wohl das ergiebigste Fanggebiet war die Kleinhüninger Rheinstrecke, namentlich unterhalb der Wiesenmündung. Dort waren durch die Tätigkeit des Wassers kleine Inselgruppen und Grienbänke entstanden. In den sie trennenden, langsam fliessenden Nebenarmen und seichten Altwassern lohnte sich der Lachsfang für die Kleinhüninger während des Aufwärtsziehens des Fisches besonders reichlich.»

Rückgang
Der Rhein bei Basel scheint im Laufe des 15. Jahrhunderts an Bedeutung eingebüsst zu haben, denn 1429 wurden 99 Fischer und Schiffer gezählt, 1470 nur noch 23. Auch die Reformation beeinträchtigte das Fischerhandwerk, denn der Wegfall von 108 bis 160 Fasttagen zog eine wesentliche Änderung in der ganzen Lebensweise nach sich. Die Nachfrage nach der gesunden, angenehmen Fischkost verringerte sich umso erheblicher, als die Obrigkeiten strenge Vorschriften erliessen und in Zürich zum Beispiel jene gebüsst wurden, die die Fasttage weiter beachteten. Die Zünfte schmolzen zusammen; in Basel war die Fischer- und Schifferzunft nach der Reformation so schwach, dass sie zur Zunftmeisterwahl oft nicht 13 Stimmen hatte. Überall spielten sich auch Kämpfe um Hoheitsrechte und freiheitliche Forderungen ab. Einerseits wurde am Wildbann strenge festgehalten; im Talbuch von Engelberg hiess es: «Es ist auch das Tier auf dem Grat, der Vogel in der Luft und der Fisch im Wasser dem Gotteshaus gebannt». Anderseits forderten die deutschen Bauern 1525 in ihrem Artikel 12 auch die Freigabe von Jagd und Fischerei und fanden mit ihrem Kampfruf bei den schweizerischen Untertanen lebhaften Beifall. Zwei Jahre später schrieben die Bauern aus der Grüninger Herrschaft an die Obrigkeit: «Die Bäche, die Fische in der Flut, die Vögel in der Luft, die Tiere im Wald und Feld sollen den Armen wie den Reichen gehören.» Auch die Untertanen in den Ämtern Liestal, Farnsburg, Waldenburg, Homburg, Münchenstein und Muttenz stellten die nämlichen Begehren. Die Gesandten der eidgenössischen Orte vermittelten. Basel durfte von grünen und gedörrten Fischen einen Zoll einziehen.

In bezug auf die Bäche sollte eine Ausscheidung stattfinden, jedem Landvogt ein besonderer Bezirk zum Fischen angewiesen werden, ebenso jedem Dorf. Doch durften die Bäche nicht gesperrt, sondern musste den Fischen freier Lauf gelassen und der Laich geschirmt werden. Der Nasenfang im Bezirk von Liestal hatte nach altem Herkommen zu erfolgen, wonach von den in der Ergolz gefangenen Nasen ein Teil den Herren von Basel, der zweite denen von Liestal, der dritte den Fischern zukommen sollte.

Allgemein scheint das Fischen für Kranke und Schwangere in beschränktem Umfang erlaubt gewesen zu sein.

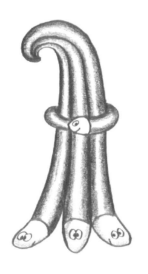

Das Fischen, ursprünglich ein «adelig Waidwerk» kam auch als Liebhaberei bei den Reichen ausser Mode und geriet in Missachtung; die Fischerei sank allmählich zu einem vernachlässigten Teil der Volkswirtschaft herab. Am 4. Mai 1798 wurden im Anschluss an den Einmarsch der Franzosen die Feudalrechte durch die helvetische Constitution abgeschafft und damit auch alle privaten Fischereirechte aufgehoben. Bald aber zeigten sich die verderblichen Folgen dieser praktisch verfehlten Doktrin in einer verheerenden Raubfischerei. Regierung, Stifte, Klöster, Gemeinden, Korporation und Private schrieen nach ihren alten Rechten; ehe die Helvetik dazu kam, die Fischerei als Nationalgut zu erklären und umzubauen, ging ihre Macht zu Ende. Die Mediation brachte 1803 wieder die alten Gesetze und Verordnungen in ihrer bunten Mannigfaltigkeit, die neuen Kantone allerdings hielten noch an den Anschauungen der Helvetik fest, wurden aber durch die Macht der Verhältnisse auch gezwungen, den Grundsatz des freien Fischfangs preiszugeben. In Basel erschienen 1804 eine Verordnung über die Fischerei und 1812 eine Ordnung über das Fischhandwerk. Darin wurde die Zahl der Fischmeister, denen auch der Fischverkauf eingeräumt war, auf sechs festgesetzt. 1813 schloss Basel einen Vertrag mit dem Kanton Aargau über die Fischereirechte im Rhein, in der Ergolz und im Violenbach, 1840 und 1841 folgten Vereinbarungen zwischen Frankreich, Baden und den Kantonen Baselstadt, Baselland und Aargau. Am 7. August 1834 trat Basel die im Besitze des Staates befindlichen Fischweiden den Gemeinden ab, behielt sich aber das Recht vor, Vorschriften über die Benützung zu erlassen. Die Aufsicht über die Fischerei, die früher der Vorstadtgesellschaft zur Mägd zugestanden hatte, war inzwischen in die Staatshoheit übergegangen und dem Polizeiwesen zugewiesen worden.

Gegenmassnahmen

Indessen befasste man sich auch in Bundeskreisen mit der Sorge um die Fischerei. Bei den Verhandlungen über die Bundesrevision wurde 1870 darauf hingewiesen wie die Fische immer mehr aus unsern Bächen und Flüssen verschwinden und für diese gesunden Nahrungsmittel jährlich Fr. 600 000.– ins Ausland gehen. Der Bund sollte das Recht erhalten, auch über die Fischerei gesetzliche Bestimmungen zu erlassen. Diese Befugnis wurde in der Bundesverfassung von 1874 verankert, im Jahre darauf folgte das Bundesgesetz über die Fischerei und im Mai 1877 die entsprechende Vollziehungsverordnung, welche der durch die vielen kantonalen Gesetze begünstigten Raubwirtschaft ein Ende machte. Der Bund regelte nun auch mit den umliegenden Staaten in einer Reihe von Verträgen die Fischerei in den Grenzgewässern. Eine Umfrage des schweizerischen Handels- und Landwirtschaftsdepartementes vom Jahre 1880 nach der Zahl der Berufsfischer und dem Wert des jährlichen Ertrages der Fischerei wurde für den hiesigen Kanton im ersten Punkt mit 12 und im zweiten durch folgende Angaben beantwortet:

Rhein
a) bei Klein-
   hüningen   Fr. 1400.–
b) im Stadtbann   Fr. 900.–
c) am Horn   Fr. 2500.–

Wiese   Fr. 600.–
Birs   Fr.   50.–
Total   Fr. 5450.–

Die Pachtsummen ergaben:
                     Fr. 783.–
22 Fischerkarten   Fr. 110.–
Total   Fr. 893.–

Die Regierung von Basel hatte schon 1787 kantonale Vorschriften erlassen. Die Wiese und die Birs blieben verpachtet, während das Fischen im Rhein noch frei war. Nach der revidierten Ordnung von 1918 wurde der Rhein in drei Fangbezirke geteilt, mit einer Pachtdauer von acht Jahren, vom Ufer aus fischte wer wollte. In der neuen Fischereiverordnung von 1942 blieb die Pacht für Wiese und Birs weiter bestehen; im Rhein dagegen ist seit 1950 jede Art des Fischens bewilligungspflichtig. Es werden Fischerkarten ausgegeben mit Abstufungen bis zu Fr. 1.–, wobei jeder Kartenbezüger zur Beteiligung an der Fangstatistik verpflichtet ist. Ein Teil der Gebühren kommt der Bewirtschaftung unserer kantonalen Gewässer zugute, indem er für den Jungfischeinsatz verwendet wird. Die Zahl der Fischerkarten betrug 1935 nur 256, hat sich aber bis heute versechsfacht. Neben den Angelfischern lösen zur Zeit noch 75 Galgenfischer und 25 Weidlingfischer ihr Patent. Das Polizeidepartement ist zum Einsatz von Jungfischen verpflichtet und hat auch für sämtliche Fischer eine Haftpflichtversicherung abzuschliessen.

Vor ungefähr 80 Jahren wurde im Kleinen Klingental die kantonale Fischzuchtanstalt gegründet, denn bei dem starken Rückgang des Fischbestandes ist die Sorge für regelmässigen Nachwuchs unerlässliche Pflicht geworden. Als Beispiel für die Leistung dieser Anstalt seien erwähnt, dass im Frühjahr 1942 rund 8000 Lächslein und 10000 junge Forellen eingesetzt wurden, 1946 gegen 148000 Stück Lachs- und 61000 Stück Forellenbrut. Die Aufsicht über die Fischerei, die Besorgung der Fischzuchtanstalt und die Kontrolle des Fischmarktes sind seit 1. Oktober 1947 einem Angestellten des Polizeidepartementes, dem Fischereiaufseher, im Halbamt übertragen; daneben steht dem Departement als Berater der kantonale Fischereiexperte zur Seite. Eine Spende von Fr. 5000.– des Verbandes der Basler chemischen Fabriken erlaubte es 1948, die Fischzuchtanstalt etwas zu modernisieren und ein Laboratorium einzurichten, wo Studenten ihre Beobachtungen an Fischen durchführen konnten.

Als eindrückliches Zeichen der Zeit musste der Fischmarkt seinen während Jahrhunderten besetzten und nach ihm benannten Platz dem Verkehr räumen. Infolge der Korrektion der Spiegelgasse und des Neubaus des Spiegelhofes wurde der Markt im Frühjahr 1940 vorläufig auf den Andreasplatz verlegt; aber ein halbes Jahr nachher gab es keine Rückkehr mehr. Neben dem allgemein gesteigerten Verkehr auf der neuen Ausfallstrasse führt die dichtbefahrene Geleiseschleife der Strassenbahn und zirkulieren die Autobusse der Linien 37 und 38 am Brunnen vorbei. Der einst so belebte Fischmarkt fristet seitdem auf dem Rümelinsplatz ein ziemlich kümmerliches Leben. Bis vor einigen Jahren waren in Basel noch einzelne Fischer im Nebenberuf tätig, so in Kleinhüningen (Bürgin) und auf der Breite (Glaser und Madörin); jetzt gibt es nur noch Liebhaber und Sportfischer. Auch in der Umgebung sind die Fischer selten geworden. Nur zwei Berufsfischer aus Augst beliefern, trotz der starken Konkurrenz durch Bezug von auswärts, unseren Fischmarkt noch mit lebender, einheimischer Ware.

Neue Hemmnisse
Mancherlei neue Erscheinungen gefährden heute den Fischbestand und damit das urwüchsige Handwerk des Fischers. Industrie und Technik drängen die Fischerei weiter zurück.

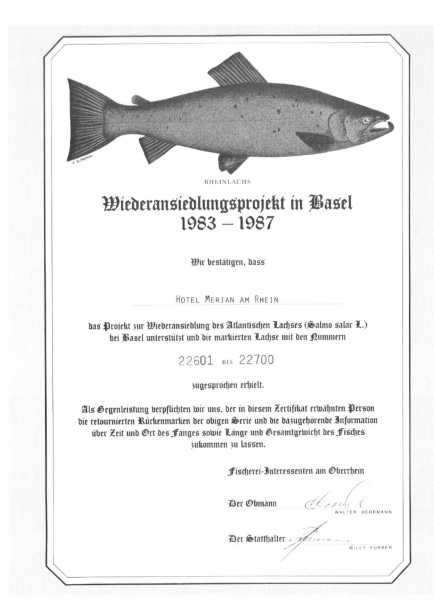

Durch Uferverbauungen sind den im strömenden Wasser laichenden Fischarten auf grosse Strecken die günstigsten Laichplätze verloren gegangen, häusliche und industrielle Abwasser erschweren die Lebensbedingungen unserer Edelfische, die sauberes, sauerstoffreiches Wasser benötigen, und der Kampf gegen die zunehmende Verschmutzung unserer Gewässer ist zu einer dringlichen volkshygienischen Aufgabe geworden. Schon die Vollziehungsverordnung von 1877 sah vor, dass über die bereits bestehenden Ableitungen giftiger Stoffe aus landwirtschaftlichen und gewerblichen Anlagen in Fischwasser betreffend Schädlichkeit Feststellungen gemacht werden. In Basel wurden die Abwasser der industriellen Betriebe vom Sanitätsdepartement kontrolliert, wobei hauptsächlich darauf gesehen wurde, dass sie keine giftigen Stoffe enthalten und genügend verdünnt in den

Rhein gelangen. 1881 bestellte der Bund für die Untersuchung der Gewässer und der Fabrikabgänge in Basel zusätzlich einen Experten. Seitdem hat eine Reihe von Kantonen Vorschriften über den Gewässerschutz aufgestellt und am 6. Dez. 1953 genehmigte das Schweizervolk mit grosser Mehrheit und allen Standesstimmen eine Ergänzung der Bundesverfassung, die den Bund befugt, gesetzliche Bestimmungen zum Schutze der Gewässer gegen Verunreinigung zu erlassen.

Eine weitere starke Schädigung der Fischerei brachte der Einbau von Stauwehren, wobei für Basel besonders jenes des Kembserwerkes verheerend wirkte, denn für unsere Stadt hat der Lachs, ein ausgesprochener Wanderfisch, von jeher die Hauptrolle gespielt. Wurden vor 1932 durchschnittlich bei und oberhalb Basel jährlich noch einige Hundert Lachse gefangen, so sank diese Zahl nach der Erstellung des Stauwehrs auf zirka 10. Mit Kriegsbeginn wurde das Werk ausser Betrieb gesetzt, die Rheinschiffahrt unterbunden, der Rheinstau abgelassen, und mit dem Wasser zog auch noch ein grosser Teil unserer Standfische davon. Als am 7. Oktober 1944 eine Fliegerbombe den Schützen 1 des Stauwehrs zertrümmerte und den Rhein auf eine Breite von 30 m

freigab, fand der kurz darauf einsetzende Lachszug wieder seinen Weg zu den Laichplätzen und der Ertrag in Basel stieg auf die Zeit vor 1932 an. Doch der Neuaufstau schloss den Lachszug neuerdings ab, so dass in den letzten Jahren im Mittel noch ganze sechs Stück bei Basel ins Netz gingen. Die Hoffnung auf die Fischwege erfüllte sich vorläufig nicht; weder die Fischtreppen, noch der Fischlift bewährten sich, und wenn nicht noch Mittel und Wege gefunden werden, so ist die Basler Fischerei künftig ganz auf Standfische angewiesen.

Eine Lösung ist in erster Linie von der Zusammenarbeit sämtlicher Uferstaaten zu erwarten. Nach langem Unterbruch tagte 1948 unter dem Vorsitz des eidgenössischen Fischerei-Inspektors in Basel die internationale Lachskonferenz.

Walter Herrmann
Kant. Fischereiaufseher

Fischkauf ist Vertrauenssache

Dass Fisch nicht gleich Fisch ist, merkt man sehr rasch einmal beim Einkauf. Wie überall hat die Qualität bei diesem Produkt ihren Preis. Als unser Fischkonzept in die Praxis umgesetzt werden sollte, standen wir vor der Frage: «Wo kaufen wir unseren Fisch». Zeit für diese Entscheidung hatten wir noch, schrieben wir erst den Monat März 1987 und im August/September sollte die Eröffnung sein. Eine kleine Velotour an einem kalten Märztag führte uns dann mit einem Fischhändler der besonderen Art zusammen ...

... Fischzucht Violenbach: von 17.00–18.00 Uhr frische Forellen. Dieses Schild verlockte meine Frau und mich auf dem Heimweg von Rheinfelden – ungefähr im Gebiet des Autobahndreiecks – zu einem kleinen Abstecher in Richtung eines stattlichen Bauernhauses, das von vielen grossen Laubbäumen umgeben, eine kleine Idylle inmitten des brausenden Verkehrslärmes der Autobahn darstellte. Ein warnend bellender Hund an einer langen Kette und eine grosse Schar gackernder Hühner wiesen zwar noch keineswegs auf eine Fischzucht hin, die das Schild oben an der Strasse verhiess. Doch zwischen den Bäumen entdeckten wir plötzlich viele kleinere und grössere Weiher und hinter einem Nebengebäude bewiesen eine Reihe von Casher, dazu Netze, etliche Brunnen, viele Wasserleitungen, Schläuche und anderes Gerät, dass der Weg richtig war, dass hier einer wohnen muss, der mit Fisch zu tun hat.

Vom Gebell seines Hundes aufmerksam gemacht, erschien bald der Hausherr und erkundigte sich nach unseren Wünschen. Während er uns 3 prächtige Forellen aus einem Bassin fing, kam uns bei soviel natürlicher Umgebung die Idee, dass hier, an diesem Ort vielleicht auch *die* Qualität zu finden sei, die wir für unsere «Fischbaiz» anstrebten. (Ausserhalb Basels mag Baiz ein negativer Begriff sein. In Basel hingegen ist Baiz durchaus positiv.)

Robert Joss, so stellte sich unser Gegenüber vor, musterte uns zunächst mit der typischen Physiognomie eines Menschen, der an den Worten anderer mehr als nur Zweifel hegt: hochgezogenes Augenlid und skeptischer Blick von oben nach unten und wieder retour. Gedachte Sätze standen förmlich in der Luft der Violenbacher Fischzucht. «...Können die überhaupt Fische zubereiten? Wer sind die? Solche und ähnliche Sätze sprachen in kurzer Zeit Bände über das, was unser Gesprächspartner R. Joss gerade dachte.

Doch dann formten sich diese Gedanken zu Worten und Robert Joss liess uns wissen, dass er erst kürzlich bei einem Restaurateur nach einer Lieferung Forellen Zeuge eines Reklamationsgespräches geworden sei. Der Gast habe sich bei der ersten Forelle darüber beklagt, dass sie trocken und stellenweise verbrannt sei. Nachdem der Restaurateur ihm dann Ersatz gebracht habe, sei es nochmals zur Beanstandung in bezug auf den trockenen Fisch gekommen. Als der Restaurateur meinte, er könne den Fisch auch nicht besser machen als er sei, habe er ihm als Fischhändler die Abschlussrechnung seiner Fischlieferungen präsentiert und ihm klar gemacht, dass er in Zukunft seine Fische woanders kaufen solle... Zugegebenermassen hatten wir von der Vielfalt der Süsswasserfische damals wirklich noch nicht viel Ahnung, aber wir wollten dies ja ändern. Aber so sollte es uns hingegen ja nicht gerade ergehen – und überhaupt, «der» Mann soll doch froh sein, wenn wir bei ihm Fische einkaufen. Wir nahmen dennoch dieses Erlebnis als einen kleinen Wink mit dem «Zaunpfahl» entgegen und beschlossen, uns getreu dem Motto:. «we got the message...» zu verhalten.

Aber lassen wir jetzt unseren Fischhändler zu Wort kommen, denn es ist eine doch etwas ungewöhnliche Philosophie, die von diesem Mann und seiner Arbeit ausgeht und der seine Aufzeichnungen fast wie im Märchen beginnt:...«Es war einmal...
... Ja, es war einmal an dem bewussten Märztag, als die beiden Leute bei mir auftauchten und sich nach frischen Forellen erkundigten. Sie interessierten sich für die ganze Anlage, was mir doch ein wenig ungewöhnlich vorkam. Ich dachte effektiv so vor mich hin, ob *die* wirklich Forellen fachgerecht zubereiten können, oder ob ich ihnen eine Broschüre mitgeben sollte, die der Schweizerische Fischzüchterverband mit vielen wissenswerten Angaben über die Fischzubereitung bereithält. Ich entschied mich zunächst fürs Zuhören.

Die Frage, ob ich auch Fische in Restaurationsbetriebe liefere, bejahte ich, liess aber den Hinweis folgen, dass ich nur in gute Betriebe liefere, denn in solchen, die von Fischzubereitung keine Ahnung haben, leidet letztlich auch mein Name und meine Arbeit. Es ist doch meistens so, wenn man seine eigenen Fehler kaschieren muss, schiebt man sie auf des Lieferanten schlechte Ware.

Eigentlich wollte ich das Ansinnen schon ablehnen, den doch relativ weiten Weg in die Stadt auf mich zu nehmen, denn «meine» Betriebe liegen alle im Umkreis meiner Fischzucht und schliesslich war ich mit 70 Jahren schon damals auch nicht mehr gerade der «jüngste Hase».

Lassen Sie es mich vorwegnehmen! Aus der Skepsis entwickelte sich sehr rasch einmal eine gute Geschäftsbeziehung und von «meinen» ca. 14 Betrieben befand sich das Fischrestaurant «Café Spitz» bald einmal auf einem der vorderen Plätze und nicht selten musste und muss ich mehrere Male in der Woche in die Stadt fahren, was ich mittlerweile gerne mache, denn es zeigte sich, dass man sich in diesem Restaurant doch zum Ziel gesetzt hatte, mehr aus dem Fisch zu machen, als ihn lediglich in heissem Fett zu braten. Auch die Vielfalt des Angebotes interessiert mich, sind nicht nur Forellen im Gespräch, sondern auch Karpfen, Saiblinge, Schleien, Zander, Hechte und selbst der Wels ist ein Fisch, der in der Küche von Jacques Navarro stets willkommen ist.

Doch nun zu meiner Arbeit in der Fischzucht. In meinem Alter sind die meisten Männer schon längst pensioniert und lassen es sich wohl sein, oder sie gehen den Hobbies nach, die im Laufe eines Berufslebens oftmals in den Hintergrund treten müssen. Mein Hobby ist mir eigentlich jetzt zu einem Beruf geworden. Jeder, der sich mit dem Fisch befasst weiss, dass die Arbeit in einer Fischzucht nicht leicht ist und viel Aufwand fordert. Ich mache diese verantwortungsvolle Arbeit aber mit sehr viel Spass und Freude. Freude an der Natur und Freude an der Arbeit mit den Tieren. Sie dürfen es mir glauben, dass ich nie, aber auch wirklich niemals in einer Intensiv-Fischzucht arbeiten könnte. Fischzuchten, in denen die Fische in Bassins aufwachsen, die sich in Hallen befinden, in denen der Computer das Mass des Futters bestimmt und in welchen das Wasser jahrein und jahraus in denselben Becken zirkuliert und stetig mit Sauerstoff angereichert wird. Die Hallen sind weitgehendst dunkel und aufgrund dieser Verhältnisse leiden die Tiere, denen häufig Flossen fehlen und die durch gegenseitige Aggressivität auffallen.

Das Beispiel einiger Lachsfarmen ist Ihnen sicherlich bekannt. Farmen, in denen die Tiere zwar im offenen Meer, dafür aber in Unterwasserkäfigen gehalten werden, in denen sie eingepfercht und ohne jegliche Bewegungsfreiheit dahinvegetieren. Hier hat sich gezeigt, dass heute beim Konsument ein Umdenken stattgefunden hat. Der Markt wird derart mit Lachs überschwemmt, dass das einstmals exklusive Tier heute fast zu einem ganz gewöhnlichen Fisch degradiert worden ist und man eine gehörige Portion Fachkenntnisse benötigt, um zwischen Qualität und Massenware unterscheiden zu können. Bei einigen der Farmen ist aus dem Wunsch nach noch mehr Profit bereits die nackte Existenzangst geworden, denn sie bleiben weitgehend auf ihrem Lachs sitzen, oder sie müssen ihn weit unter einem marktwirtschaftlichen Preis verkaufen *).

Ich will nicht weiter auf diese Art der Zucht eingehen, Sie dürfen es mir aber nun glauben, dass ich niemals in meinem Leben und um keinen Preis der Welt so arbeiten könnte. Ich will Freude am Fisch und der Natur haben, sonst lasse ich es sein und ziehe mich zurück.

Ein Fisch, der in einem Bassin im Freien leben kann, der fühlt sich wie im See oder in einem Fluss. Das ist der Freiraum, den ich ihm in meiner Fischzucht mit den grossen Bassins jederzeit gewährleisten kann. Dies wirkt sich auch auf die Qualität aus, die zweifelsohne besser ist und ein Kenner der Fischküche merkt den Unterschied sofort. Nehmen Sie zum Beispiel den Barsch, bei dem sich die Unterschiede der verschiedenartigen Wasserzusammensetzungen sehr deutlich bemerkbar machen. Ein Barsch, der aus dem Bielersee oder dem Neuenburgersee mit seinem hohen Kalkgehalt kommt, wird ganz anders schmecken als ein Fisch, der aus dem Boden- oder Walensee kommt, wo der Kalkgehalt weitaus geringer ist. Warum das? Beide Fische sind sicher erstklassig, aber jeder Fisch nimmt auf seine Art die Eigenheiten des Wassers auf.

Im weiteren ist die Ernährung eminent wichtig. In den Zuchtanstalten werden, um möglichst rasch Profit zu erwirtschaften, die Fische innerhalb ein bis anderthalb Jahren auf ein Gewicht um die 400 g getrimmt. Bei mir erreicht der Fisch nach einem Jahr ca. eine Grösse von ca. 50 g, da ich sehr viel auf natürliches Futter setze. Ich kann somit überzeugt behaupten, dass ich keine hormonellen und künstlichen Fischfutterarten bei mir verwende.

Dabei kommt mir übrigens auch die Umgebung meiner Fischweiher entgegen. Auf den Bäumen finden sich stets viele Raupen und manch «unvorsichtiges» Exemplar landet im Wasser, wo es für die Forellen einen herrlichen «Sonntagsschmaus» absetzt, den sie erst noch gefahrlos und ohne plötzliches Auftauchen eines Angelhakens verspeisen können. Gewisse Algen bieten eine natürliche Ernährung, von denen es allerdings nicht allzu viele haben darf, sonst müssen die Fische wegen des modrigen Geschmacks lange gewässert werden. Zugute kommt mir, dass der Violenbach durch meine Fischzucht fliesst und ich so keine bis wenige stehenden Gewässer habe.

Man stellt sich nun vielleicht vor, dass meine Fische sich mehr oder weniger alleine überlassen bleiben. Derzeit habe ich rund 14 Fischweiher in Betrieb, die mit durchschnittlich 40 000 Fischen «bewohnt sind». In Spitzenzeiten sind es sogar deren 70 000, die in verschiedenen Altersgruppen aufwachsen. Erfahrungsgemäss benötigt ein Weiher mit rund 3000 Fischen rund 100 Arbeitsstunden bis diese Fische sich in einem verkaufsfähigen Zustand befinden.

Ein besonders hoher Anteil geht dabei auf das Konto: Putzen der Weiher! Insbesondere der Urinanteil der Fische macht sich sehr stark bemerkbar. Wird

dem keine Achtung geschenkt, spürt man dies unweigerlich am Geschmack des Fisches.
Selbstverständlich lebe und arbeite ich auch mit einem gewis-

sen Risiko, denn Krankheiten und Temperaturstürze bis in tiefste Minusgrade sind die grössten Feinde einer Fischzucht, wie ich sie betreibe. Ich kannte einen Grosszüchter, der eine Anlage mit einigen 100 000 Fischen bearbeitet hat. Dieser Mann war praktisch gezwungen, seine Zucht rund um die Uhr von Mitarbeitern kontrollieren und überwachen zu lassen. Ich kenne aber auch Züchter, die durch Pech innert kürzester Zeit erhebliche finanzielle Verluste erlitten. Fragt man sich, ob ein Unternehmen wie ich es führe, rentabel arbeiten kann, so muss man unterscheiden. Grosszüchtereien arbeiten häufig mit mehreren Mitarbeitern, die entlöhnt werden müssen. Um diese Löhne zu erwirtschaften muss die «Rotation» stimmen. Dieser Kreislauf wird nochmals durch Investitionen verschärft und er wird schneller. Alles Geldausgaben, die sich amortisieren müssen. So gesehen, bleibt dem Grossunternehmer fast keine andere Wahl, als die bereits erwähnte schnelle Aufzucht und der rasche Verkauf. Es ist ähnlich wie in der Gastronomie: Dort wo sich Geld schnell umsetzen muss, herrschen andere Voraussetzungen als in einem gediegen eingerichteten Restaurant. Dort spürt man die Liebe zum Detail, und in der gesamten Arbeit ist noch Freude und Spass am Beruf und am Dienen dem Gast gegenüber erkennbar. Dabei mag zutreffen, dass dies oft Betriebe sind, die im Familienbesitz sind, wo die Voraussetzungen anders gelagert sind.

Die Fischzucht habe ich ebenfalls gekauft und grosse Investitionen muss ich nicht tätigen oder amortisieren. Ich betreibe mein Geschäft wirklich solange es mir Freude macht, und ich mir dabei meine Unabhängigkeit bewahren kann. Das heisst, ich suche mir meine Kunden aus und habe dann bei ihnen auch die Gewissheit, dass die Freude, die von mir in die Aufzucht gelegt wird, ihre Wertschätzung dadurch erhält, dass der Fisch mit Fachwissen und Liebe weiterverarbeitet wird. Wenn Sie als Gast dann mit dem Erlebnis heimkehren, in einem gediegenen Rahmen ein hochklassiges Fischessen genossen zu haben, von dem Sie noch lange schwärmen, dann werden Fischzüchter, die ihre Arbeit auf meine Art erfüllen sowie Hoteliers und Restaurateure, die die Fische entsprechend zubereiten, gleichfalls froh und glücklich über die eigene Arbeit sein.

Hat einer, der sich tagtäglich mit Fisch befasst eigentlich selbst Fisch auch gerne? Diese Frage beantworte ich mit einem klaren «Ja». Wenn sich in diesem Buch eine Menge äusserst kreativer Fischrezepte befinden, persönlich bin ich ein Anhänger des Fisches vom Grill mit seiner knusprigen Haut und dem speziellen Geschmack vom Holzkohlengrill. Zweifelsohne mag das daran liegen, dass ich mich gerne im Freien aufhalte, wo eine andere Zubereitungsart nicht möglich ist. So oder so, es kommt immer auf die Qualität an.»

Robert Joss

*Anmerkung des Herausgebers: Anlässlich eines Urlaubs in Norwegen haben wir solche Farmen gesehen, die sogar von einheimischen Reiseleitern vehement kritisiert werden. Daneben besuchten wir in Bergen den Fischmarkt und dort fristete der geräucherte Lachs wirklich ein «Heringsdasein». Unglaublich, welche Mengen dort in allen Sprachen der Welt angeboten wurden. Wir haben auch die Qualitätsunterschiede festgestellt, die zwischen einem Wildlachs und diesen armen Kreaturen bestehen.

Salus nostra in piscibus – Die Gesundheit liegt im Fisch

Dr. Peter Gurdan hat uns in seinem Kapitel sehr viel Wissenswertes über den Wert des Fisches im Zusammenhang mit einer gesunden Ernährung dargestellt. Solche Erfahrungen und Erkenntnisse verdienen es, dem Gast, dem Konsumenten, gar selbst dem Fachmann in der Gastronomie auf vielen Ebenen näher gebracht zu werden. Einen nicht unwesentlichen Teil dieser Aufgabe hat eine Institution übernommen, die solche Verbindungen schon seit geraumer Zeit pflegt, sei es anlässlich verschiedentlicher «Netzessen», der Verteilung einer eigenen Zeitung und ganz wesentlich in der Umsetzung des lateinischen Wahlspruches «Salus nostra in piscibus – Die Gesundheit liegt im Fisch», dies in enger Zusammenarbeit mit den professionellen Mitgliedern aus der Gastroszene.

Genau ein Vierteljahrhundert ist es her, seit sich die Agro-Suisse, Berufsfischer, Fischfreunde und fischverbundene Gastronomen zu einer Gesellschaft zusammengefunden haben, um in bezug auf den Fischkonsum gewisse Verbesserungen herbeizuführen. Der nahezu dramatisch werdende Umstand, dass aufgrund der nach dem Krieg neu entstandenen Kühlketten die einheimischen Berufsfischer in arge wirtschaftliche Bedrängnis kamen, war allein schon diesen Zusammenschluss wert. Eglifilet contra Seezungenfilet hiess der ungleiche Wettbewerb, der nach den Kriegsjahren das Nachholbedürfnis von kulinarischen Erlebnissen schürte. Der Süsswasserfisch vor der Haustüre hatte in den 50er und 60er Jahren keine grossen Chancen, um sich auf dem Markt zu behaupten. Das war die Geburtsstunde der Tafelgesellschaft zum Goldenen Fisch, die sich zum obersten Ziel gesetzt hat, damals wie heute den einheimischen Süsswasserfisch zu dem Renommée zu verhelfen, das ihm zusteht. Gleichzeitig wollte man über den Mitgliederkreis hinaus auf die gesunde Ernährung hinweisen, die der Fisch nun einmal darstellt. Zur Lösung dieser Aufgabe wurden die ausgewählten Restaurationsbetriebe animiert, die aufgrund ihrer Leistung das Prädikat: «Auszeichnung für eine erstklassige Fischküche» tragen durften.

Was ist aus dieser Basis nach 25 Jahren geworden? Heute sind in der Tafelgesellschaft 1200 Mitglieder vereinigt, das Interesse ist steigend. Nach dieser langen Wegstrecke ist es ebenfalls einmal an der Zeit, Bilanz zu ziehen und Standortbestimmungen durchzuführen. Vor 2 Jahren fand die Amtsübergabe des Mitbegründers und langjährigen, verdienstvollen Tafelmeisters Harry A. Mattenberger an den Schreibenden statt, der mit dem Vorstand (den Tafelherren) den Start in die zweiten 25 Jahre einleitete und dem es oblag, über einige Änderungen und Verbesserungen zu befinden. Konstant und unverändert ist die Zahl der Restaurationsbetriebe geblieben, die das Max. von 100 an der Zahl – laut Statuten – nicht überschreiten darf. Obwohl viele Anfragen vorliegen, wird sich in dieser Beziehung kaum etwas ändern, birgt dieses Limit doch die Chance, sowohl die guten Leistungen zu würdigen, aber am Qualitätsstandard klar und unnachgiebig festzuhalten. Gemessen an der Vielzahl der gastronomischen Betriebe in unserem Land (ca. 27 000) sind 100 ein sehr kleiner Prozentsatz.

Dieser Platz an der «Sonne» hat für diese 100 aber gewisse «Schattenseiten», denn die Tafelgesellschaft unter der neuen Führung hat sich in noch stärkerem Masse zum Ziel gesetzt, die Kontrollen über Qualität, Identifikation und Angebot intensiver wahrzunehmen und den schwarzen Schafen unmissverständlich den entsprechenden Tarif bekanntzugeben. Im Ernstfall kann dies nach einem oder zwei persönlichen Gesprächen den Ausschluss bedeuten. Meine Kollegen im Vorstand und ich wollen mit dazu beitragen, dass der Ruf der Schweizer Fischküche weiter im Ausbau begriffen ist. Dies kann nur mit der Verbreitung von Aufgaben und Zielsetzungen in allen Landesteilen erfolgen, wozu die Bestrebungen zur Erhaltung oder Rückgewinnung gesunder Gewässer gehören. Gesunde Gewässer sind die unabdingbare Lebensgrundlage für eines der edelsten Lebewesen, das die Natur dem Menschen geschenkt hat – dem Fisch.

Dass diesen Zielsetzungen sehr schnell Taten folgten, geht aus einem konkreten Beispiel hervor, das in einem Fischkochbuch erwähnt werden sollte.

In früheren Jahren fanden die alljährlichen Tagungen der «Fischwirte» jeweils nachmittags von 15.00 Uhr an statt. Die Traktandenliste war meistens eher klein und einfach gehalten. Zum Teil sicher mit der Begründung gerechtfertigt, dass Branchenfremde und Privatpersonen den «Profis» nicht viel beibringen konnten. Gegen 17.30 folgte der gemütliche Teil, in dem alsbald ein meist exquisites Fischmahl den Teilnehmern auf Branchenbasis doch noch Wissen vermittelte. Für viele stand Aufwand und Nutzen nicht garade im rechten Lot und die Besuche waren eher rückläufig. 1991 wurde zusammen mit dem «Café Spitz», das dazumal mit der Durchführung an der Reihe war, der Grundstein für eine neue Art der Jahrestagung gelegt. Morgens um 09.00 Uhr war Arbeitsbeginn und der Vormittag war gespickt mit Vorträgen – (welch schöner Zufall, dass ich die Referenten dieses Tages, Herrn Walter Herrmann und Herrn Dr. Peter Gurdan, als Mitautoren in diesem Buch wieder «treffe»). Ein Fisch-Businesslunch im zweiten Basler Fischrestaurant «zum Pfauen» (das heute allerdings der Geschichte angehört) unterbrach den Morgen und führte dann gestärkt zur Nachmittagsrunde, die erst gegen 18.00 Uhr mit dem Dîner im «Spitz» in den kulinarisch/unterhaltsamen Teil wechselte. Quantitativ waren es mit 20 Personen noch wenig Teilnehmer, ihre Qualität und die Botschaft, die sie hinaustrugen, überzeugte anscheinend. Der eingeschlagene Weg blieb, die beiden folgenden Orte Zug und Kastanienbaum erfreuten sich bereits einer doppelt so grossen Zahl interessierter Fischrestaurateure. Das Rezept? Eigentlich einfach. Nicht mehr der Goldene Fisch organisiert, es sind die Mitglieder der betreffenden Region, die das Programm selbst zusammenstellen, eine gesunde Rivalität sorgt dafür, dass auch die nächsten Tagungen sicherlich eine geballte Ladung an wertvollen Informationen bringen werden. Der Goldene Fisch hat in administrativer Hinsicht seinen Teil dazu beigetragen. Jeder Mitgliedsbetrieb hat die bescheidene Tagungsgebühr mit dem Jahresbeitrag zu begleichen, ob er teilnimmt oder nicht. Die Finanzierung ist damit aus eigenen Mitteln gesichert. Die Qualitätsnormen können gesteigert werden, das Interesse an einer Teilnahme wird ebenfalls grösser und beide Tatsachen kommen zweifelsohne den Gästen und Freunden einer gepflegten Fischküche entgegen. Die Zukunft? Die Statuten besagen, dass ausschliesslich der Betriebsinhaber Mitglied mit seinem Betrieb sein kann. In den vielen kleineren Betrieben steht er selbst in der Küche. Wechselt er, erlischt damit automatisch die Mitgliedschaft in diesem Haus. Nach einer Wartezeit von einem Jahr ist es diesem Fachmann jedoch durchaus

163

Gästeliste anlässlich der Übergabe der Tafel des Goldenen Fisches vom 4. Mai 1990

MENU D'INTRONISATION DANS LA CONFRERIE DU POISSON D'OR

Hotel Merian et Restaurant du poisson 'Café Spitz'
Bâle

Wir bedanken uns herzlich
bei folgenden Firmen,
die uns grosszügig für diesen
Anlass unterstützt haben

Fa. Dyhrberg, Lachsräucherei Balsthal
Fa. Top Coq, Fische und Krustentiere, Basel
Fa. Bianchi, Fische und Krustentiere, Basel
Fa. Schroeder, Fischhandel, Thun
Robert Joss, Fischzucht Iolenbach, Kaiseraugst
Getränkeabteilung Coop Basel ACV
Urs Schaad AG, Allschwil
Druckerei Morf & Co AG, Basel

Les Vins
****

Féchy Ombre 1988
Cave Riegger SA

*****

Château de Luins, Grand cru 1988
'Fischerzunftwyy'
Urs Schaad AG
*****

Chianti Classico 1987
Peppoli
Villa Antinori

Menu Poisson d'Or

Mousse de saumon en gelée au porto
Blinis au beurre
*****

Bisque d'écrevisses
*****

Médaillon de sandre au citron vert
Riz rouge de Camargue
Flan d'asperge
*****

Granité à la menthe fraiche

*****

Filets de perche en feuilleté
Sauce à l'anis
Nouilles fines au safran
*****

Filet d'omble chevalier meunière
Pommes parisienne
*****

Fromages d'ici et d'ailleurs
***

Douceurs de saison
Friandises
***

Café
***
Digestifs

Bâle, 4 Mai 1990

möglich, den «Goldenen Fisch» für einen neuen Betrieb wieder zu erhalten, sofern das Betriebskonzept auf den Fisch ausgerichtet werden kann.

Die Gegenwart zeigt jedoch, dass es unter den 100 Betrieben auch einige Grossbetriebe gibt, in denen andere Führungsstrukturen vorhanden sind und ein qualifizierter Küchenchef zusammen mit dem Betriebsleiter für die Qualität des Fisches sorgt. Diesbezüglich ist die Tafelgesellschaft dabei, für die Küchenchefs eine persönliche Form der direkten Mitgliedschaft zu erarbeiten, die nicht auf einen neuen Betrieb übertragbar ist. Die Tafelgesellschaft ist sich bewusst, dass damit eine Grundlage geschaffen werden kann, um Motivation und Identifikation des Küchenchefs gerade in grösseren Häusern zu fördern. Wie eingangs erwähnt, bleibt die Zahl der maximum 100 Betriebe in der nächsten Zeit konstant.

Die schon mehrfach von Hanns U. Christen (-sten) in diesem Buch angestrebte Ausdehnung ins grenznahe Ausland liegt im Augenblick noch im Bereich einer Vision, denn der administrative Aufwand wäre sehr erheblich. Was mit diesem Buch von einem Mitglied demonstriert wurde, wird in absehbarer Zeit für den Goldenen Fisch

umgesetzt werden – Pläne für ein Buch der Tafelgesellschaft sind im Gespräch.

Vor allem geht es aber der Tafelgesellschaft darum, die Pfeiler, die von den Gründern fest im Boden verankert wurden, für die Zukunft stabil und fest zu halten. Die Zielsetzung von 1969, den einheimischen Fisch wieder zu fördern, hat heute manchmal schon dazu beigetragen, dass *dieser* Fisch Mangelware geworden ist und er oftmals seinen Preis hat.

Ruedi Boss, Tafelmeister der Tafelgesellschaft Zum goldenen Fisch

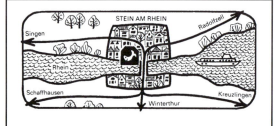

Hotel-Restaurant Rheinfels, Stein am Rhein

Lage:	Direkt am Rhein, erstes Haus neben der Rheinbrücke.
Inhaber:	Edi und Susanne Schwegler-Wick
Es kocht:	Edi Schwegler und sein Team
Spezialitäten:	Süsswasserfische je nach Fang und Saison: Staaner Fischtopf, Rheinäschen nach altem Hausrezept – Zander Rheinfels usw. Auf Vorbestellung kochen wir Ihnen gerne ein Menu Surprise.
Charakteristisch:	Mit direktem Blick auf den Rhein bieten wir Ihnen Räumlichkeiten für 15 bis 200 Personen. Grosse Rheinterrasse mit 125 Plätzen. Historisches Gebäude aus dem vierzehnten Jahrhundert. Antiquitätenhalle. Neu umgebaute Zimmer mit sämtlichem Komfort (30 Betten).
Im Keller:	Steiner Fischerwy, hervorragende Offenweine. Reichhaltiges Angebot an in- und ausländischen Provenienzen.
Notieren:	Donnerstag Ruhetag. Betriebsferien Januar, Februar. Telefon: 054-41 21 44. Telefax: 054-41 25 22.

Auf der Seite 210 finden Sie eine Liste mit allen Restaurants, die 1994/95 der Tafelgesellschaft zum Goldenen Fisch angeschlossen sind (ohne Gewähr)

Was ist eigentlich die Tafelgesellschaft zum Goldenen Fisch?

Eine kleine Orientierung für Neugierige, Kandidaten und zukünftige Gesellschafter.

Gründung und Ausdehnung
Diese gastronomische Gesellschaft von Freunden der gepflegten Fischküche ist im Herbst 1969 im Gasthof «Sternen» zu Walchwil von rund 50 Initianten gegründet worden. Inzwischen hat sich die Zahl der Gesellschafter mehr als verzwanzigfacht. Ihre Freunde sind in allen Landesteilen der Schweiz zu finden. Sie haben eines gemeinsam; den sehnlichen Wunsch, ein perfekt zubereitetes Fischmahl nach allen Regeln der lukullischen Kunst zu geniessen.

Sinn und Zweck
Die Gründer haben im «Gesetz» festgelegt, dass es ihnen in erster Linie darum geht, die Fischkochkunst im Gastgewerbe landauf, landab zu fördern. Insbesondere soll den edlen Fischen aus unseren heimischen Gewässern die gebührende kulinarische Ehre angetan werden. Das Ziel wird durch die Auszeichnung von Gaststätten mit hervorragender Fischküche zu erreichen versucht. Einem solchen Restaurant wird die blaue Tafel mit dem goldenen Fisch-Signet verliehen. Diese Auszeichnung ist kein Orden «auf Lebenszeit», sondern er muss jedes Jahr neu bestätigt werden oder er wird nötigenfalls entzogen. Die Tafelgesellschaft gibt ausserdem für ihre Mitglieder alljährlich einen umfangreichen «Guide gastronomique du poisson» heraus, in welchem die «Goldenfisch-Restaurants» mit ihren Spezialitäten ausführlich beschrieben sind.

Die Auszeichnungstafel
Die Auszeichnung kann ebensosehr einem kleinen Fischbeizli mit gepflegtem Service wie einem der bestbekannten Hotels verliehen werden. Restaurateure oder anderweitig im Gastgewerbe tätige Gastronomen können ebenfalls Gesellschafter werden, haben dadurch aber noch keinen Anspruch auf die blaugoldene Tafel. Diese Auszeichnung erfolgt vielmehr nach einem längeren, anonym durchgeführten Prüfungsverfahren nach festgelegten Kriterien und braucht die Empfehlung des Netzmeisters und die Stimmenmehrheit der Vorsteherschaft.

Organisatorisches
Für das Wohl und Wehe der Tafelgesellschaft und die Innehaltung der im «Gesetz» umschriebenen Aufgaben sorgt eine «Vorsteherschaft» aus 7 bis 9 «Tafelherren» bestehend. Den Vorsitzenden nennt man in der Tafelgesellschaft «Tafelmeister». Ihm steht als Wahrheitsverkünder und Tafelmajor der «Herold» zur Seite.
Für das gesellige Leben rund um den Fisch ist die Tafelgesellschaft in Sektionen gegliedert, die man «Netze» nennt und deren meist fröhliche Tätigkeit durch einen «Netzmeister» geplant und organisiert wird. In jedem Netz wirkt auch ein «Testmeister», er ist für die strengen Prüfungen der Kandidaten-Restaurants verantwortlich. Diese Testmeister sind nur der Vorsteherschaft und den Netzmeistern bekannt.

Tagsatzung
Oberstes Organ der Tafelgesellschaft ist die Delegiertenversammlung, die in unserer Sprache «Tagsatzung» heisst. Sie ist gewissermassen unsere Legislative und tritt einmal im Jahr zusammen. Abgeordnete sind die Mitglieder der Vorsteherschaft und die Netzmeister; diese mit je einem Stellvertreter ihres Netzes.
Als fröhliches, gesellschaftliches Ereignis organisiert die Vorsteherschaft alljährlich ein grosses Jahresfest, zu dem alle

Tafelgesellschaft zum Goldenen Fisch

Die 7 Goldenen Regeln zur Verleihung der Auszeichnung

Die Tafelgesellschaft zum Goldenen Fisch macht es sich zur Ehre, die seltene Auszeichnung nur jenen Restaurants zuzuerkennen, denen die gepflegte Fischküche und die sorgfältige Bedienung eine Passion bedeuten. Der Gast soll dabei die besondere Ambiance und gehobene Qualität der Zubereitung spüren.

1.
Die Verleihung erfolgt nur an Restaurants, bei denen **der frische einheimische Fisch einen Schwerpunkt im Angebot bildet.**

2.
Die Fischgerichte müssen in gepflegtem Rahmen serviert werden.

3.
Neben landesüblichen Varianten soll das Angebot an Fischgerichten noch lokale oder Hausspezialitäten umfassen.

4.
Das Weinsortiment soll auf das Fischangebot abgestimmt sein.

5.
Das Gedeck muss den Gerichten entsprechend gepflegt sein.

6.
Die Preise der Gerichte sollen in einem vernünftigen Verhältnis zur Gesamtleistung stehen.

7.
Das Servicepersonal muß über die Tafelgesellschaft orientiert sein und den Gast fachgerecht beraten über die: Tagesspezialitäten · Herkunft der Fische · passenden Weine.

Diskutiert und einstimmig von der Vorsteherschaft beschlossen am 16. Februar 1983 im ehrwürdigen Haus zum Storchen in Zürich.

Die Tafelgesellschaft zum Goldenen Fisch
Der Tafelmeister

Gesellschafter mit Freunden eingeladen sind.

Beiträge

Die Gesellschafter ermöglichen durch einen Jahresbeitrag von (Stand: 94) Fr. 60.– (Ehepaare Fr. 80.–) den aufwendigen Betrieb der Prüfungen und die Administration. Jeder Gesellschafter erhält jährlich den «Guide gastronomique du poisson» und viermal im Jahr ein eigenes Bulletin mit allerhand fischfreundlichen und fischkritischen Nachrichten.

Allgemeines

Die Institution des «Goldenen Fisches» ist in kurzer Zeit zu einem nicht zu unterschätzenden Faktor des Gastgewerbes und der Fischkochkunst geworden. Sie fördert den gesunden Wettbewerb der Gastronomen und spornt deren kreative Fantasie an. Sie ist aber auch der schweizerischen Berufsfischerei und damit letzten Endes unseren Gewässern von grossem Nutzen.

Der Fisch im Zeichen des Christentums

Der auf seite 199 abgebildete Geschenkfisch aus Pappmaché aus Deutschland um die Jahrhundertwende stammend, trug ein kleines Schild als wir ihn käuflich erwarben. Geschenkfisch für Weihnachtsgeschenke hiess es darauf. Das machte uns neugierig, denn was hat ein Fisch mit Weihnachten zu tun, wenn wir vom Weihnachtskarpfen im Elsass und Bayern absehen? Warum isst man am Karfreitag in vielen Gegenden nur Fisch? Der Fisch als Symbol der Christen? Was bedeuten die stilisierten Fische auf vielen Autos?

Alt-Kirchenratspräsident Theophil Schubert aus Basel schilderte uns die Zusammenhänge zwischen dem Fisch und dem Christentum, die bis in die Zeit der Christenverfolgungen im alten Rom zurückgehen.

Der Fahrer des Autos gibt sich mit diesem stilisierten Fisch schlicht als Christ zu erkennen und er drückt mit diesem Zeichen aus, dass er andere Verkehrsteilnehmer darauf aufmerksam machen will.

Es ist es wert darüber nachzudenken, dass sich Menschen heute in unserer Gesellschaft wieder als Christen ausgeben und sich mit dieser Form des Fisches bezeichnen und es als Bekenntnis wählen.

Dies in einer Zeit, die so vieles an Glauben ermöglicht, in der so viele Menschen aber trotzdem nicht mehr so recht wissen, was sie glauben können oder sollen. In dieser Zeit gibt es Menschen, die ganz deutlich bekennen: «Wir glauben an Jesus!»

In der alten Christenheit ist das Fischsymbol aufgekommen. Man hat sich so zu erkennen gegeben. Man konnte z.B. – wenn man jemanden antraf – gedankenlos mit einem Stock oder mit dem Finger einen Fisch in den Sand zeichnen. Das sah sehr spielerisch aus und war keineswegs mit irgendwelchen Gefahren verbunden. Gab sich der andere zu erkennen, war es gut, konnte er das Zeichen nicht deuten, war man selbst noch längst nicht verloren. Die Christen haben sich des Griechischen bemächtigt. Dort heisst der Fisch «Ichtys» (siehe Zeichnung Seite 170). Nimmt man die einzelnen Buchstaben, so ergeben sie ein Bekenntnis.

Das Bekenntnis in dieser kurzen Form lautet also: Jesus Christus Gottes Sohn der Retter. Es ist dies im Grunde eine sehr einfache Form, die aber doch ausdrucksstark und klar vor uns liegt.

Das Symbol des Fisches hilft uns aber noch ein Stück weiter. In der christlichen Kunst ist der Fisch oft als das verschlingende Ungeheuer dargestellt worden. Nehmen wir die Geschichte von Jonas, dem Propheten. Man hatte ihn ins Meer geworfen um damit die grossen Stürme zu besänftigen. Das Ungeheuer hatte Jonas verschlungen und er musste 3 Tage und 3 Nächte im Bauch dieses Ungeheuers ausharren. Dann wurde er wieder an Land gespuckt.

Jesus hat diese Geschichte auf sich bezogen. Er hat gesagt: «...Wie dem Propheten Jonas geht es mir mit dem Tod. Aber denkt daran, ihr meine Jünger, ich bleibe nicht im Tod. Ich werde auferstehen, ich komme wieder.»

Schliesslich gibt es noch eine Fischgeschichte im Evangelium. Jesus ernährt Menschen, die Hunger haben. Jesus hat nur Brot und 2 Fische zur Verfügung. Aber er teilt sie aus, und die Menschen werden satt. Am Ort dieser Geschichte, am See Genezareth, gibt es in Taghba eine alte Kirche mit einem berühmten Mosaik. Es zeigt den Korb mit den Broten und den beiden Fischen. So erinnert es an die Wundertat Jesus.

Wenn wir also einen Fisch zeichnen, einen Fisch als Symbol verwenden, dann können wir sehr viel aussagen. Wir sagen damit, dass wir an Jesus glauben, der vom Tod auferstanden ist und uns das gibt, was wir zum Leben brauchen.

Nachsatz
Betrachten wir daher auch die Fische, die uns die Natur in ihrer grossen Vielfalt tagtäglich zur Nahrung beschert, als eine wertvolle Gabe, die unseren Respekt erfordert und denen wir die Lebensgrundlage zur Verfügung stellen, die sie benötigen um gedeihen zu können. Erkennen wir in ihnen etwas von dem Glauben, den uns Christus zu vermitteln suchte.

Dieses kleine Kapitel zeigt uns, mit welcher Grösse um die Jahrhundertwende Geschenke an Festtagen überreicht worden sind... in einem Fisch aus Pappmaché.

Jonassarkophag im Lateran in Rom. Jonas zahlt den Kaufpreis, wird über Bord geworfen, landet im Maul des Seeungeheuers, wird an Land gespieen und ruht unter dem Rizinusbaum aus.

Die Auslage eines neapolitanischen Fischhändlers

1906/07 verfasste R.M. Rilke seine Beobachtung über die Auslage eines neapolitanischen Fischhändlers. Wie wir meinen, eine, sehr von verschiedenen Gemütsverfassungen, geprägte Darstellung dieser Auslage. Wird sie zunächst von dunklen Gedanken und Vorstellungen beeinflusst, wechselt R.M. Rilke am Schluss seiner Beobachtung in die Welt der Diamanten und gibt so seinem düsteren toten Bild doch noch eine versöhnliche Wendung. Doch lesen Sie selbst, was R.M. Rilke empfunden hat.

«Auf leicht geneigter Marmorplatte liegen sie in Gruppen, manche auf feuchtem Stein, mit ein wenig schwarzem Moos unterlegt, andere in von Nässe dunkel gewordenen Spankörben. Silbern beschuppte, darunter einer, rund nach oben gebogen, wie ein Schwertarm in einem Wappen, so dass das Silber an ihm sich spannt und schimmert. Silbern beschuppte, die quer über liegen, wie aus altem Silber, schwärzlich beschlagen, und drüber einer, der das Maul voran, zurückzukommen scheint, entsetzt aus dem Haufen hinter ihm. Hat man erst einmal sein Maul bemerkt, so sieht man, da und da, noch eines, ein anderes rasch hergewendet, klagend.. (Was man «klagend» nennen möchte, entsteht wohl, weil hier die Stelle, von der die Stimme ausgeht, sofort Stummheit bedeutet, ein Bild des ...) Und nun sucht man infolge einer Überlegung vielleicht, die Augen. Alle diese flachen, seitlich hingelegten, wie mit Uhrgläsern überdeckten Augen, an die die im Wasser schwimmenden Bilder herangetrieben sind, solange sie schauten. Nichts anderes waren sie damals, ebenso, blicklos gleichgültig: denn Blicke trüge das Wasser nicht. Ebenso seicht und untief, leer herausgewendet, wie Wagenlaternen am Tag. Aber hingetragen durch den Widerstand und die Bewegung jener dichteren Welt, Zeichnung um Zeichnung, Wink und Wendung einwärts in ein uns bekanntes Bewusstsein. Still und sicher trieben sie her, vor dem glatten Entschluss ohne ihn zu verraten; still und sicher standen sie tagelang der Strömung entgegen, überzogen von ihr, von Schattenfluchten verdunkelt. Nun aber sind sie ausgelöst aus den langen Strähnen ihres Schauens, flach hingelegt, ohne dass es deshalb möglich wäre in sie einzudringen. Die Pupille, wie mit schwarzem Stoff bezogen, der Umkreis um sie aufgelegt, wie dünnstes Blattgold. Mit einem Schrecken, ähnlich dem, den man beim Beissen auf etwas Hartes erfährt, entdeckt man die Undurchdringlichkeit dieser Augen –, und plötzlich meint man, vor lauter Stein und Metall zu stehen, wie man über den Tisch hinsieht. Alles Gebogene ist hart anzusehen, und der Haufen der stahlglänzenden, pfriemenförmigen Fische liegt kalt und schwer wie ein Haufen Werkzeuge da, mit denen andere, die das Aussehen von Steinen haben, geschliffen worden sind. Denn da nebenan liegen sie: runde glatte Achate, von braunen, blassen und goldenen Adern durchzogen, Streifen von rötlichweissem Marmor, Jadestücke von vorsichtig gewölbtem Schliff, teilweise bearbeitete Topase, Bergkristall und Spitzen von Amethyst, Opale aus Quallen. Und eine ganz dünne Schicht verweilenden Wassers ist noch über ihnen allen und trennt sie von diesem Licht, in dem sie fremd sind, verschlossen, Behälter, die man vergebens zu öffnen versucht hat.»

Fische in der Küche – Anforderungen an die Hygiene

Frischfische und auch frische Meeresprodukte gehören heute nicht nur zum Speisezettel der Küstenbewohner, sondern werden auch vermehrt im Binnenland verzehrt.

In der Schweiz wird der grösste Teil des einheimischen Fischertrages von 5000 t pro Jahr (die jährliche Zunahme beträgt zur Zeit 2%), der für die menschliche Ernährung verwendet wird, als Frischfisch konsumiert.

Der Import von Fischen, Weich- und Krustentieren aus dem Ausland belief sich im Jahre 1993 auf 49 390 000 kg, was einer Zunahme gegenüber 1992 um 1019 t entspricht. Insgesamt wurden also 1993 in unserem Land die stolze Menge von 54390 t an Fischen, Weich- und Krustentieren verzehrt. Wahrlich eine respektable Menge.

Der Pro-Kopf-Verbrauch lag dabei rein statistisch gerechnet bei 7,67 kg. Effektiv konsumierbar waren aber pro Kopf der Konsumenten 3,48 kg (abzüglich Schuppen, Flossen, Eingeweide).

Interessant für Sie ist dabei die Tatsache, dass vom effektiven Pro-Kopf-Verbrauch an Fischen, Weich- und Krustentieren der Verzehr in Privathaushaltungen nur 0,74 kg betrug.

Die Versorgung unserer Bevölkerung mit einwandfreien Fischen, Weich- und Krustentieren setzt eine sorgfältige Behandlung und einen sachgemässen Transport vom Fang bis auf den Tisch des Gastes bzw. Konsumenten voraus. Dank der modernen Kühleinrichtungen und der raschen Verteilungsmöglichkeiten können die Fische, Weich- und Krustentiere über das ganze Land verteilt werden. Vom Fisch als Lebensmittel wird neben Nährwert und Schmackhaftigkeit insbesondere auch eine entsprechende hygienische Beschaffenheit erwartet.

Gerade Fische, Weich- und Krustentiere gehören zu den rasch verderblichen Nahrungsmitteln. Vor allem gegenüber Temperaturschwankungen und unsachgemässer Behandlung sind sie besonders empfindlich und können nicht nur im Geschmack, sondern sogar in der Geniessbarkeit stark beeinträchtigt werden.

Es ist deshalb sehr wichtig, dass der Einfluss der verschiedensten Parameter auf die Haltbarkeit und Unbedenklichkeit dieser Produkte vom Augenblick des Fanges über die Verarbeitung in der Fischindustrie bis hin zur küchenmässigen Zubereitung kontrolliert wird.

Jedes Lebensmittel sollte heute während der Gewinnung, der Herstellung oder auf dem Weg zum Verbraucher in technisch vertretbarem, den Verhältnissen angepasstem Umfang mit ausreichender Sicherheit einmal durch die Betriebe selbst (Eigenverantwortung) und durch unabhängige amtliche Sachverständige geprüft und zum tauglichen Lebensmittel erklärt worden sein.

Zusammensetzung des Fischfleisches

Die Zusammensetzung der essbaren Anteile der Fische, vor allem der Gehalt an Wasser, Eiweiss und Fett, stellen für den Fisch als Lebensmittel ein wichtiges Qualitätskriterium dar.

Die Fische weisen grosse Unterschiede im Wasser- und Fettgehalt auf, weshalb grundsätzlich eine Unterteilung in Fett- und Magerfische gemacht wird. Sowohl bei Fett- als auch bei Magerfischen werden Schwankungen im Wasser und Fettgehalt festgestellt, die abhängig sind von der Jahreszeit, dem biologischen Zustand, dem Nahrungsangebot und der Herkunft der Fische. Fett und Wassergehalt stehen in einem umgekehrten Verhältnis zueinander, wie aus verschiedenen Untersuchungen hervorgeht. Schon bei noch nicht geschlechtsreifen

Tieren manifestieren sich Schwankungen im Wasser- und Fettgehalt, die später entsprechend dem Fortpflanzungsstadium viel ausgeprägter in Erscheinung treten.

Der Proteingehalt der wichtigsten Nutzfische ist verhältnismässig konstant. Er macht 17–20% des Fischfleisches aus. Fischprotein hat einen hohen ernährungsphysiologischen Wert, der sich durch die Art und Relation der Aminosäuren, besonders der essentiellen auszeichnet. Fischprotein wird im Vergleich mit Proteinen pflanzlicher und tierischer Herkunft zu den höchstwertigen Nahrungsproteinen gerechnet (FAO, 1957).

Der Nährwert von Fisch ist grundsätzlich vergleichbar mit dem von Säugetierfleisch.

Der Gehalt an Vitaminen und Mineralstoffen ist beachtlich.

Der Bindegewebsanteil ist, verglichen mit Warmblüterfleisch, gering (3 bis 5% gegenüber 8–20% bei Rindfleisch).

Die lockere Struktur des Fischmuskelgewebes lässt die gute Verdaubarkeit von Fischfleisch erklären. Gleichzeitig ist dadurch aber auch die Schnelligkeit der Alteration bedingt.

Der im Vergleich zum Säugetierfleisch sehr hohe Gehalt an Kathepsin im Fischmuskel ist aufgrund seiner proteolytischen Aktivität für den raschen Fischverderb von Bedeutung.

Einzelheiten können der nachstehenden Nährwerttabelle verschiedener Fischarten entnommen werden.

Was lässt sich zusammenfassend über den Fischverderb sagen?

Es gibt eine Reihe von endogenen und exogenen Faktoren, die den Verderb von Fischen, Weich- und Krustentieren fördern. Diese Besonderheiten der Fischmuskulatur betreffen den Wassergehalt, den Gehalt an Bindegewebe, freien stickstoffhaltigen Extraktstoffen, originären Muskelenzymen und Glykogen.

So ist der Wassergehalt 5–15% höher als bei Warmblütern. Der Bindegewebsanteil ist gering, was dem Fischmuskel nach Zubereitung die Zartheit gibt. Auf der anderen Seite hat aber das Fehlen der Bindegewebssepten den grossen Nachteil, dass dadurch das Eindringen von Mikroorganismen begünstigt wird. An freien stickstoffhaltigen Extraktstoffen (Gehalte bis 1400 mg%) finden sich vor allem Trimethylamin, Kreatin und biogene Amine. Besonders hoch ist der Gehalt an Muskelenzymen. Das Kathepsin liegt z.B. 10mal höher als bei Warmblütern. Der Glykogengehalt der Fischmuskulatur ist hingegen mit 9–35 mg% auffallend geringer als bei Warmblütern, bei denen er 50–180 mg% beträgt. Aufgrund des geringen Glykogengehalts ist die Totenstarre entsprechend kurz.

Nach 5–22 Stunden ist der Höhepunkt der Totenstarre bereits erreicht. Der Säuregrad des Fischmuskels beträgt kurz nach dem Fang pH 7,05–7,35, sinkt

danach auf das pH-Minimum von pH 6,2 ab, um dann nach Lösung der Totenstarre auf Werte von 7,0–8,0, also in einen kritischen Bereich, anzusteigen.

An exogenen Faktoren, die von aussen her den Fischverderb fördern, sind insbesondere bestimmte Mikroorganismen zu nennen.

Im Vordergrund stehen je nach Fanggebiet eiweissabbauende, kältetolerante Bakterien, sogenannte Proteolyten. Die Keimbelastung bei frischen Fischen liegt je nach Herkunft im Bereich von Haut und Kiemen zwischen 100 und 1 Million Keimen pro g/cm^2 Oberfläche, im Darm werden Werte bis zu 100 Millionen Keime pro g Darminhalt erreicht.

Bei den auf der Fischmuskulatur vorkommenden Mikroorganismen unterscheidet der Fachmann zwischen lebensmittelverderbenden und krankmachenden Keimen. So bewirken z.B. die Keime der Verderbnisflora durch induzierte Abbauvorgänge Zersetzungs- und Fäulniserscheinungen. Dadurch sind die veränderten Fischprodukte nicht mehr genussfähig. Die Verderbniserscheinungen kann man in der Regel sehen, riechen und schmecken. Krankmachende Mikroorganismen rufen meist ganz typische Symptome wie Übelkeit, Erbrechen, Bauchkrämpfe, Durchfall und eventuell Kreislaufbeschwerden hervor.

Bestimmte Lebensmittel, und dazu gehören vor allem auch Fische, Weich- und Krustentiere, sind aufgrund ihrer Zusammensetzung (hoher Wassergehalt, hoher Säuregrad, grosses Nährstoffangebot) sowie der Art ihrer Gewinnung und Bearbeitung besonders anfällig und gefährdet.

Kommen z.B. Fische, Weich- und Krustentiere aus belasteten Gewässern zur Verarbeitung bei mangelnder Hygiene und kommt es dabei zudem noch zu Temperaturschwankungen und Kühlkettenunterbruch, dann ist einer Keimvermehrung Tür und Tor geöffnet. In Abhängigkeit von der Konkurrenzflora können sich dann krankmachende Mikroorganismen soweit vermehren, dass sie bei Aufnahme durch den Konsumenten Krankheitssymptome auslösen. Dabei kann es durchaus vorkommen, dass die befallenen Lebensmittel nach aussen gar keine typischen Verderbniserscheinungen aufweisen.

Daher ist es so wichtig, dass im Umgang mit diesen Lebensmitteln auf Sauberkeit und entsprechende Kühlhaltung und Zubereitung besonders streng geachtet wird.

Was ist nun beim Kauf und der Zubereitung von Fischen aus hygienischer Sicht besonders zu beachten?

Um den Frischezustand bzw. eine beginnende Fischverderbnis erkennen zu können, sollte man sich bestimmter Beurteilungskriterien bedienen.

In der nachfolgenden Tabelle sind solche Anzeichen aufgeführt. Fischhändler, Koch und Hausfrau beurteilen aufgrund ihres Fachwissens und ihrer Erfahrung bereits bei Anlieferung und Kauf dieser Produkte deren Frischegrad. Dabei kontrolliert man z.B. Farbe und Aussehen, die Beschaffenheit bestimmter Körperteile, die Konsistenz des Gewebes, die Oberflächenbeschaffenheit und den Geruch. Wichtig ist die Überwachung der vorgeschriebenen Kerntemperatur der Ware. Anzeichen von stattgehabten Temperaturschwankungen müssen besonders kritisch kontrolliert werden. Der Fachmann/die Hausfrau überprüft insbesondere die Beschaffenheit von Fischfilets.

Man weiss, dass diese dem Fischverderb viel stärker ausgesetzt sind als ganze Fische, da die Fischmuskulatur nicht mehr von der Haut als einer natürlichen Schutzschicht umgeben ist. Diese ungeschützte Oberfläche und die lockere Gewebestruktur der Fischfilets prädestiniert sie für äusserliche bakterielle Verunreinigungen. Man begegnet diesen Gefahren z.B. dadurch, dass man die Kühlkette von der Anlieferung/dem Kauf der Produkte bis zur Zubereitung nicht unterbricht. Dadurch behindert man die Keimvermehrung der vorhandenen Mikroorganismen. Frische Fischfilets lagert man deshalb nur kurze Zeit unter Kühlschrankbedingungen. So verhindert man, je nach Alter der Fischfilets, den meist rasch einsetzenden Eiweissabbau bei Keimvermehrung der Verderbnisflora.

Fachmann und Hausfrau verwenden im weiteren für die Zubereitung dieser Nahrungsmittel geeignete und gut gereinigte Gerätschaften. Dadurch unterdrückt man eine mögliche äussere Verschmutzung dieser Lebensmittel.

Küchenchefs und Köche achten in der «Fischküche» besonders auf peinliche Sauberkeit bei der Einrichtung, den Gerätschaften und beim Personal. Reinigung und Desinfektion werden regelmässig überwacht und das Hygieneverhalten der Mitarbeiter geschult und gefördert.

Bei Beachtung all der aufgezeigten kritischen Punkte lässt sich das Hygienerisiko beim Genuss von Fischen, Weich- und Krustentieren weitgehend beherrschen. Der Lohn für die hygienische Behandlung dieser Produkte ist der unbedenkliche Konsum dieser so hochwertigen Lebensmittel.

Dr. Peter Gurdan,
Kantonsveterinär

Beurteilung des Frischezustandes
(nach Prof. Dr. F. Untermann)

	frisch	gealtert
Haut	glänzend Farbe leuchtend Schuppen fest	trüb Farbe blass Schuppen lose Schleimbildung gelbtrüb
Auge	prall Hornhaut durchsichtig Iris deutlich gefärbt	eingefallen Hornhaut trübe Schleimüberzug

Achtung: Zander zeigt auch fangfrisch getrübte Hornhaut

Kiemen	Farbe lebhaft rot Geruch nach See-/Meerwasser wenig klarer Schleim	gelbgrau bis grauschwarz Geruch fischig bis faulig Schleim grauweiss bis graugrün
Kiemendeckel	liegen fest an	leicht abhebbar oder stehen offen
Bauchfell	silberglänzend durchscheinend fest an der Unterlage haftend	trüb, gelblich mit Schleim bedeckt leicht abziebar
Bauchhöhle	Eingeweide unverändert	Organ- u. Blutreste in Zersetzung
Muskulatur	fest, elastisch Farbe weiss bis rötlich	weich Farbe verwaschen
Mittelgräte	fest mit Muskulatur verbunden	lässt sich leicht herauslösen
Geruch	nach See, Meer und Seetang	fischig bis faulig

Nährwerttabelle verschiedener Fischarten

Fischart (100 g)	Hauptbestandteile			Mineralstoffe					Vitamine					Energie	
	Eiweiss	Fett	Kohlen-hydrate	Natrium	Kalium	Calcium	Phos-phor	Eisen	A	B1	B2	Niacin	C	Calorien	Joule
	g	g	g	mg	mg	mg	mg	mg	µg	µg	µg	mg	mg	kcal	kJ
Seefische															
Hering	18,2	14,9	+	117	380	34	250	1,1	38	40	220	3,8	0,5	222	929
Rotbarsch	18,2	3,6	+	80	308	22	201	0,69	12	110	80	2,5	0,8	114	477
Schellfisch	17,9	0,1	+	116	301	18	176	0,6	17	50	170	3,1	+	80	335
Kabeljau	17,0	0,3	+	86	350	24	190	0,5	9	57	40	2,0	+	78	326
Seelachs (Köhler)	18,3	0,8	+	81	374	14	300	1,0	10	88	350	4,0	+	88	368
Makrele	18,8	11,6	+	95	358	12	238	1,2	100	140	350	7,7	+	193	808
Scholle	17,1	0,8	+	104	311	20	198	0,9	+	210	220	4,0	+	83	347
Garnele (Speisekrabbe)	18,6	1,4	+	146	266	92	224	1,8	78	51	34	2,4	1,9	96	402
Heilbutt (weisser)	20,1	2,3	+	67	446	14	202	0,5	32	78	70	5,9	+	110	460
Seezunge	17,5	1,4	+	100	309	24	195	0,8	+	60	100	3,0	+	90	377
Sprotten (geräuchert)	19,4	18,4	+	785	590	1700	–	5,4	150	25	400	4,0	+	260	1088
Miesmuschel (Blau-, Pfahlmuschel)	9,8	1,3	3,9	296	277	27	248	5,1	54	160	220	1,6	+	72	301
Forelle	19,5	2,7	+	40	465	18	242	1,0	45	84	76	3,4	+	112	469
Karpfen	18,0	4,8	+	46	306	29	216	1,1	44	68	53	1,9	1,0	125	523
Aal	15,0	24,5	+	65	217	17	223	0,6	980	180	320	2,6	2,0	299	1251
Austern	9,0	1,2	4,8	290	185	80	157	5,8	93	160	200	2,2	–	71	297
Hummer	15,9	1,9	0,3	270	220	61	234	1,0	–	130	88	1,8	–	89	372
Seehecht	17,2	0,9	+	101	294	41	142	+	+	0,1	0,2	+	+	77	323
Sardine	19,4	5,2	+	+	+	85	258	2,5	+	0,01	0,4	9,7	+	124	521
Thunfisch, in Öl (Feste und flüssige Anteile)	23,8	20,9	+	361	343	7	294	1,2	370	50	60	10,8	0	299	1252

+ = Inhaltsstoffe nur in Spuren vorhanden   – = es liegen keine Daten vor   0 = der Gehalt beträgt praktisch 0

Quelle: vgl. S. Walter Souci/Hans Boesch: Lebensmittel-Tabellen für die Nährwertberechnung, Stuttgart 1982, S. 165 ff.

Tafel einiger bekannter Süsswasserfische

Nase. *Chondrostoma nasus.*
25–40, max. 50 cm. In Fliessgewässern von Nordfrankreich, dem Rhône-, Rhein- und Donaugebiet bis zum Kaspischen Meer. Früher häufig in Schwärmen, heute selten.

Hecht. *Esox lucius.*
Männchen max. 100, Weibchen max. 150 cm. In Seen und Flüssen der gemässigten Klimazonen Europas, Asiens und Nordamerikas. Bevorzugt ruhige Gewässer mit Kiesgrund und pflanzenreichen Ufern.

Brachsmen. *Abramis brama.*
30–50, max. 75 cm. In grösseren Seen und langsam fliessenden Gewässern nördlich der Pyrenäen, von Irland, West- und Mitteleuropa, Südnorwegen, Schweden und Finnland bis zum Ural.

Groppe. *Cottus gobio.*
10–15, max. 18 cm. In seichten, sauerstoffreichen Fliessgewässern mit rascher Strömung und in den Uferzonen klarer Seen mit Sand- und Kiesboden. In West-, Mittel- und Osteuropa.

Bachforelle. *Salmo trutta fario.*
20–40, max. 50 cm. In kühlen, sauerstoffreichen Fliessgewässern und Seen mit Kies- und Geröllgrund in ganz Europa bis zum Ural. Weitverbreitetste Fischart in der Schweiz.

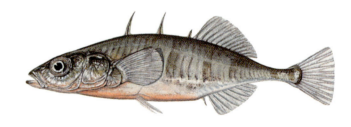

Dreistachliger Stichling. *Gasterosteus aculeatus.*
5–8, max. 11 cm. In Küsten- und Binnengewässern Europas sehr weit verbreitet. Zieht während der Laichzeit von den Meeresküsten ins Süsswasser.

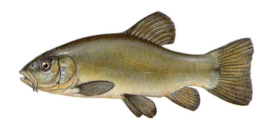

Schleie. *Tinca tinca.*
20–30, max. 60 cm. Überwiegend in langsam fliessenden Gewässern und wärmeren Seen mit dichten Pflanzenbeständen. In ganz Europa bis nach Sibirien weit verbreitet.

Äsche. *Thymallus thymallus.*
25–35, max. 60 cm. In schnell fliessenden, sauerstoffreichen Gewässern mit festem Grund in West-, Mittel- und Osteuropa. Bestände stark rückläufig.

Karausche. *Carassius carassius.*
20–35, max. 50 cm. Überwiegend in flachen, pflanzenreichen Tümpeln und Seen mit reichem Pflanzenwuchs von England bis nach Ostrussland. Anpassungsfähiger Karpfenfisch.

Alet. *Leuciscus cephalus.*
30–40, max. 60 cm. In Fliessgewässern Europas und Vorderasiens sehr weit verbreitet, seltener in Seen. Aus dem Einzugsbereich des Mittelmeeres sind 7 Unterarten bekannt.

Sonnenbarsch. *Lepomis gibbosus.*
15–20, max. 30 cm. In warmen, pflanzenreichen, ruhigen Uferstellen von Flüssen und Seen in Nordamerika. Seit 1877 auch in Europa. Verwilderter Aquarienfisch.

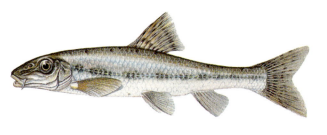

Gründling. *Gobio gobio.*
8–14, max. 20 cm. In schnell fliessenden Gewässern und in der Uferregion sauerstoffreicher Seen mit Sand- oder Kiesgrund. Weit verbreitet in West-, Mittel- und Osteuropa bis zum Ural.

Rotfeder. *Scardinius erythrophthalmus.*
20–30, max. 45 cm. In ruhigen Gewässern mit weichem Grund. Von Westeuropa bis nach Ostrussland. Schwarmfisch, hält sich meist in der Nähe der Wasseroberfläche auf.

Dorngrundel. *Cobitis taenia.*
8–10, max. 12 cm (Weibchen). In ganz Europa, in klaren Fliessgewässern und Seen (Uferregion) mit Sand- oder Schlammgrund. Die Bestände sind stark rückgängig.

Laube. *Alburnus alburnus.*
12–15, max. 25 cm. In stehenden und langsam fliessenden Gewässern nördlich der Pyrenäen und Alpen, von England und Frankreich bis zum Ural und dem westlichen Transkaukasien.

Barbe. *Barbus barbus.*
30–50, max. 100 cm. In sauerstoffreichen, klaren Fliessgewässern mit Sand- oder Kiesgrund von Südwestengland, Frankreich, dem Gebiet nördlich der Alpen bis zum Schwarzen Meer. Schwarmfisch.

Barsch oder Flussbarsch. *Perca fluviatilis.*
20–35, max. 50 cm. In fliessenden und stehenden Gewässern in ganz Europa. Standfisch, vorzugsweise in klaren Gewässern ohne starke Strömungen.

Schneider. *Alburnoides bipunctatus.*
9–13, max. 16 cm. In klaren, sauerstoffreichen, schnell fliessenden Gewässern nördlich der Pyrenäen, von Frankreich und dem Einzugsbereich von Rhein und Donau bis zum Ural.

«Heute blau, morgen blau und übermorgen nicht»
Alles über und vom Karpfen, dem blauen Bigamist! Zusammengefischt von Rainer Falck

Es ist verwunderlich, dass ausgerechnet der Karpfen dazu auserwählt wurde, in den meisten europäischen Ländern am Weihnachts- oder Silvesterabend Stammgast zu sein.

Wenn er uns im Fischladen so durch das Glas beäugt, nichtsahnend von dem bevorstehenden Schlag auf den Kopf, dem hastigen einwickeln ins Leichentuch und dem Grabgeläut an der Kasse, erweckt er alles andere als Vorgeschmack auf einen glänzenden Tischpartner oder einen brillanten Unterhalter. Aber es ist ein Fisch, nah und fern geachtet und geschätzt wegen seiner Ausdauer, Zähigkeit, Fruchtbarkeit und Widerstandskraft, eine Reihe silberfarbener Medaillen an der Brust, die ihn berechtigen, sich unter die Besten der Gesellschaft zu mischen. Ein Fisch auf den man stolz sein darf, kann man sich seiner Freundschaft oder wenigstens seiner Bekanntschaft rühmen.

Aber was müssen wir über den Karpfen, den wir seit den Tagen der alten Germanen mit viel Ritus Jahr für Jahr um die gleiche Zeit verspeisen, bei näherer Betrachtung erfahren? Der edle Fisch führt privat ein sündiges Leben – er ist ein Bigamist! Das heisst vielmehr: nicht er, sondern sie! In der modernen Karpfengemeinschaft besteht jede «Ehe» aus einer Dame und wenigstens zwei Männern. Ehrenretter des Karpfens erklären dies biologisch: Eine Karpfenfrau kann jährlich über eine Million Eier legen, die Samen der Karpfenmänner können aber nur einhundert Sekunden lang befruchten.

Wie jeder weiss, gehören nun aber Weib, Wein und Gesang zusammen. Das Weib muss der Ärmste jedoch teilen und singen kann er auch nicht. So bleibt ihm eigentlich nur noch der Wein. Tatsächlich liegen auch Beweise dafür vor, dass er dem Alkohol durchaus nicht abhold ist. So kommt es, dass gegen unseren ehrenwerten Fisch nicht nur Anklage wegen mangelnder Moral, sondern auch wegen Trunkenheit erhoben werden kann. Mönche des Mittelalters, die als erste Karpfen in Teichen züchteten, empfahlen, einem alten Handbuch zufolge, alle Karpfen mit «Brotkrumen, die von des Herrn Tisch abfielen und in starkem Bier und Ale aufgequollen waren, mehrmals täglich zu füttern.»

Die wahren Karpfenliebhaber schenkten derartigen Schmähungen von Bigamie und Trunksucht jedoch keinerlei Beachtung. Im Gegenteil, sie waren es die den Karpfen einst ob seiner beneidenswerten Eigenschaften der Venus weihten, ihn zu Freyjas Fisch erkoren und später zum Sinnbild für ihre geheimen Wünsche machten: Glück in der Liebe, Geld im Portemonnaie, viele gesunde Nachkommen, Ausdauer und Widerstandsfähigkeit im Alltag.

Besonders im fernen Osten verzehren die Menschen den Fisch noch heute am Neujahrstag in der Hoffnung, es mögen sich wenigstens einige seiner wertvollen Eigenschaften dabei auch auf sie übertragen. So bezeugen sie dem Karpfen ihre Hochachtung, indem sie ihn aufessen. Doch schmückt man in vielen östlichen Ländern gleichzeitig die Häuser und Spielzeuge der Kinder mit Fischsymbolen. In Japan lassen die Jungen am Kindertag sogar Karpfendrachen steigen. Bei uns soll es noch Leute geben, die sich heimlich eine Schuppe vom Silvesterkarpfen ins Geldtäschchen stecken und hoffen, dass sie im neuen Jahr einen Hauptgewinn im Lotto erzielen. In der Aberglaubenküche köcheln weitere Gerüchte.

Rogen verheisst zum Beispiel besonderes Glück, von ihm kann man also nicht genug essen. Oder: Frauen, die sich noch einmal in den Stand der Jungfräulichkeit zurücksehnen, brauchen nur einen Karpfenschwanz der Länge nach in zwei Teile zu spalten. Allerdings, wer's mal versucht hat, der weiss: ein schwieriges Unterfangen!

Ob der Karpfen aphrodisierend wirkt, darüber streiten sich die Gelehrten. Während Karpfenzüchter daran zweifeln, zählen gastronomische Schriftsteller diesen Fisch gerne zu den «anregenden» Speisen; so der Italiener Rompini in seiner «La Cucina dell'Amore». Andere strapazieren den Beweis unserer germanischen Vorfahren, die in der heidnischen sittenlosen Silvesternacht den Karpfen lediglich ob seiner stimulierenden und fruchtbarkeitsbringenden Eigenschaften genossen haben sollen.

Doch Aberwitz und Muhmenweisheit beiseite, heute essen die meisten unter uns den Karpfen, weil er gut schmeckt. Dass uns danach Karpfenkräfte aufsteigen, ist nur natürlich. Immerhin versorgt uns dieser Fisch mit wertvollstem Eiweiss, mit Fett, Vitaminen und Mineralstoffen.

Obwohl er zu den Fettfischen zählt, brauchen sich Schlankheitsanwärter jedoch nicht vor ihm zu fürchten: Einhundert Gramm Karpfenfleisch enthalten nur zehn Gramm Fett, wesentlich weniger also als der Gänsebraten.

Der Karpfen ist ein Süsswasserfisch, er war früher nur in östlichen Gewässern beheimatet. Reisende haben ihn dort herausgeholt und ihn nach Europa, Afrika und Nordamerika eingeschifft. Wann und wie das geschah; es fehlen uns jederlei historische Aufzeichnungen. Dass er jedoch heute überall «zu Hause» ist, welch ein Glück für alle, denen er schmeckt!

Der Karpfen hat Stehvermögen, das muss ihm der Neid lassen. Er ist zäh wie Leder, will man ihm an den Kragen. Nicht nur, dass er uralt wird – man munkelt etwas von 200 Jahren –, sondern er überlebt auch schreckliche Leiden. In abgelassenen Teichen hält er sich selbst im feuchten Schlamm eine Zeitlang am Leben. Seinen Frauen und ihm hat man in früheren Zeiten sogar zu Experimentierzwecken auf dem Operationstisch den Rogen beziehungsweise die Milch herausgeschnitten; anschliessend hat man ihn wieder zugenäht und zurück ins Wasser verfrachtet, wo sie sich – ihres «Innenlebens» beraubt – geduldig wie ein Kapaun oder Mastochse mästen liessen.

Fast alle Karpfen, die heute auf unserem festlich gedeckten Tisch landen, sind Zuchtkarpfen. Als Wildling war der Karpfen einst sehr schlank und lang. Dass er inzwischen fast so hoch wie breit ist, verdanken wir nur den bereits erwähnten Mönchen. Sie folgten einer Klosterschrift, die besagte, dass Klosterherren nur solche Fische essen durften, die nicht über den Tellerrand ragten. Auch die «Nachteile» des Karpfens, die Gräten und Schuppen, versuchten schon die mittelalterlichen Züchter wegzuzüchten.

Der Kampf gegen die Schuppen war bald erfolgreich, wie – heute als Nachtkarpfen bekannt – es uns die Gestalt des Lederkarpfens zeigt. Keine einzige besitzt dieser, im Gegensatz zum Spiegelkarpfen, der wenigstens noch ein paar silberfarbene Schuppen zur Schau trägt.

Die Bemühungen der Züchter um einen grätenarmen Fisch dauern dagegen heut noch an. Karpfen sind frohwüchsig, sagen die Züchter, lässt man sie lange genug am Leben, werden sie schwere Burschen. Kein geringerer als Alexander Dumas hat aus einem ukrainischen See einen Vierzigpfünder an Land gezogen. Gegen den schwersten Karpfen der Welt, der 1711 mit dem stattlichen Gewicht von 154 englischen Pfunden (ein Pound = 454 g) aufwarten konnte, kam bisher allerdings wohl kaum ein anderer an. Bei uns können sich Karpfen, die ein Kilogramm und mehr wiegen, durchaus schon sehen lassen. Ab diesem Gewicht gehören sie zur besten Güteklasse.

Es gibt viele Möglichkeiten diesen Prachtfisch in eine saftige Speise zu verwandeln. Blau, so kommt er in der Regel auf den Tisch.

Wir müssen den teuren Freund nur wirklich blau machen; zum Beispiel mit Weisswein, mit Rotwein oder – für Mässigkeitsapostel – mit Bier oder Essig.

Zu guter Letzt noch ein paar kleine Hinweise für alle, die ihren Karpfen zu Weihnachten oder Silvester «blau» machen wollen: nur die Schleimhaut wird blau, trotz aller böswilligen, doch falschen Nachrede. Damit die «Pelle» aber nicht bereits beim Einkauf am Papier kleben bleibt, ist es wichtig, dass der Fisch nass eingewickelt wird, sonst ist es nämlich mit dem blauen Karpfen vorbei. Hüllen Sie ihn bis zur Zubereitung in ein nasses Essigtuch.

Wer etwas vom Karpfenessen versteht, sichert sich den Kopf und lässt sich mit Kennermiene den raren Bissen genüsslich auf der Zunge zergehen.

Dass der «blaue Wüstling» auch in diesem Zustand gerne noch in einem guten Tropfen schwimmt, erübrigt sich eigentlich zu wiederholen.

Deshalb: Prosit! Auf ein karpfenreiches neues Jahr!

«Carpfen Diem!»

Unsere Fischergalgen am Rhein

«75 Jahre Basler Galgenfischer 1920»

Waisch no ... wo unsere Basler Galgen die Netze mit Lachs, Rhein- und Bachforellen, Nasen etc. voll hatten und waisch no, wie gemütlich der Rhein dem Meer zufloss? Lassen Sie sich, liebe Leserinnen und Leser, 75 Jahre zurückversetzen, denn am 29. Februar 1920 wurde der damalige Kantonale Fischereiverein von einigen Rheinfischern aus der Taufe gehoben und als Nachfolge der kurz vorher aufgelösten «Fischerei-Vereinigung Basel» neu gegründet. Wenn ich Sie heute, als Präsident der Basler Galgenfischer 1920, mit den Anfängen des Vereins vertraut machen kann, so beruht das auf etliche Jahresberichte, Protokolle, welche ich für Sie aufmerksam durchgelesen habe.

In der Vereinssitzung vom 20. Dezember 1919 des früheren Vereins «Fischerei-Vereinigung Basel» wurde – mit grossem Mehr – beschlossen, dass dieser Verein aufzulösen und das vorhandene Vereinsvermögen prozentual an die Mitglieder auszuzahlen sei. Diese «Fischerei-Vereinigung Basel» wurde im April 1909 gegründet, bestand aus Berufs- und Sportfischern und legte grossen Wert auf Mitgliederwerbung. Mit einer weiteren Sitzung am 27. Dezember 1919 ist dies erfolgreich abgeschlossen worden. Mehrere damalige Mitglieder meldeten sich zu Wort, dass man wieder einen Verein gründen solle, jedoch unter einem anderen Namen und am 29. Februar 1920 hatten sich 16 Mitglieder im «Klingental» zu einer Sitzung eingefunden. An diesem ehrenvollen Tag trafen sich alle ehemaligen Mitglieder, ausgenommen die Berufsfischer, und haben unterschriftlich erklärt, dem neuen Verein beizutreten. Bereits am 7. März 1920, ebenfalls im Klingental, haben sich 14 weitere Mitglieder angemeldet.

Der Verein wurde unter dem Namen «Kantonaler Fischerei-Verband Basel-Stadt» gegründet. Es wurde beschlossen, neue Statuten auszuarbeiten. Die Eintrittsgebühr wurde auf Fr. 5.– und der Monatsbeitrag auf Fr. 1.– festgesetzt. Passivmitglieder bezahlten einen Jahresbeitrag von Fr. 6.–. Schon an der 2. Sitzung am 10. April sind die ausgearbeiteten Statuten der Versammlung vorgelegt und einstimmig angenommen worden. Am 9. Mai 1920, an der 3. Vereinssitzung, sind die Statuten bereits allen Mitgliedern verteilt worden und an der 4. Sitzung vom 6. Juni wurde einstimmig beschlossen in den Schweizerischen Fischereiverein einzutreten. Am 26. November 1920 wurde der Verein vom Schweiz. Zentralkomitee in Bern einstimmig als Sektion aufgenommen. Auch das Abonnieren der Schweiz. Fischereizeitung wurde als obligatorisch erklärt und auch, dass jedes Mitglied an sein Abonnement nur Fr. 2.– anstatt Fr. 4.– zu bezahlen hätte. Die erste Nummer der Fischerei-Zeitung erschien im Januar 1921!

An der 8. Vereinssitzung vom 6. Dezember ist vereinbart worden, ein Lachsessen mit den Angehörigen abzuhalten, welches dann am 18. Dezember 1920 im Restaurant Wiesental stattfand. Im Protokoll steht zu lesen, dass sich «Herr Christen (Comestibles), Pächter des Rheinbezirks I, mit dem Lachspreis unserem Verein sehr liebenswürdig entgegenkommen gezeigt hat», so dass 53 Personen daran teilnehmen konnten. Es sind an diesem Abend 7 Lachse mit 43,5 kg verspeist worden! Das Protokoll in diesem ehrwürdigen Gründungsjahr 1920 sagt weiter aus, dass 10 Kommissionssitzungen, 8 Vereinssitzungen sowie ein Lachsessen mit Familienabend abgehalten wurden. Die Einnahmen betrugen Fr. 561.35, die Ausgaben (!) Fr. 79.35. Kassabestand 1920: Fr. 482.–!

Die «Angelfischerei» war ziemlich ergiebig, die «Galgenfischerei» liess zu wünschen übrig, der «Nasenstrich» hatte völlig ausgesetzt. Einige Fischer machten gute Fänge. So wurden auch im Spätherbst viele «Maiennasen», sogenannte «Blitzerli», gefangen. Auch der Lachsfang liess zu wünschen übrig, da der Wasserstand des Rheins zu niedrig war. Die Lachse konnten so nicht an ihre Plätze wandern.

Interessant sind die Fischpreise im Jahre 1920. Es kosteten per Kilo die

Rheinforellen   Fr. 5.–   bis 6.–
Bachforellen   Fr. 7.–   bis 9.–
Lachse   Fr. 6.–   bis 8.–
Nasen   Fr. 1.20 bis 2.–
Barben   Fr. 2.50

Im November 1921 hat sich unser Verein an der Steigerung der Rheinpacht Bann-Riehen beteiligt und bis auf Fr. 540.– gesteigert, «hat aber dann zu Gunsten des bestehenden Fischerei-Vereins Bann-Riehen davon abgelassen höher zu steigern». Die Pacht fiel dem Fischerei-Verein Bann-Riehen für Fr. 550.– zu!

In den Protokollen steht zu lesen, dass «obschon unser Verein sich für diese Pacht ausgesprochen hat, wollten wir die Fischer des Bann Riehens nicht schädigen, weil wir mit ihnen in gutem Einvernehmen bleiben wollen und diese schon einige Jahre dort ansässig sind und auch ihre Freude am Fischen haben».

1922 ist weiter zu lesen, dass «die Abwasser der chemischen Fabriken in Grenzach, die in allen Farben den Rhein hinunterfliessen, der Fischerei grossen Schaden zugefügt haben» und ein gewisser Baumann einen Brief an das Polizeidepartement geschrieben hat, dass er «nicht für die Freigabe des Rheins, sondern für das Kartensystem sei und jeder Fischer eine Fischerkarte lösen müsste».

Zu dieser Zeit bestand ein achtjähriger Pachtvertrag mit Herrn E. Christen. Dieser Vertrag war noch weitere 4 Jahre gültig und wurde vom damaligen Vorsteher des Polizeidepartementes Mundwyler auch abgesegnet. Herr Christen bewilligte dann für den Verein weitere 10 Fischerkarten, so dass auch die Söhne der Mitglieder fischen konnten. E. Christen hatte diese Pacht bis 1935 und wurde dann als Pächter von unserem Verein abgelöst.

Das «Schreckgespenst» Elektrizitätswerk Birsfelden hat alle Rheinfischer stark aufgeregt. Die Pläne dazu sind 1922 im Sommer dem hohen Bundesrat zur Begutachtung zugeschickt worden. «Es kann noch Jahre gehen bis das Werk zur Ausführung kommt. Solange die Arbeit nicht ausgeschrieben ist, kann damit nicht begonnen werden. Fischen wir also getrost weiter ...»

Harte Auseinandersetzungen gab es mit der Regierung im Jahre 1923. Regierungsrat Niederhauser will, solange ihm das Fischwesen unterstellt ist, keine weiteren Karten mehr bewilligen! Dies obwohl sich Herr E. Christen dafür stark gemacht hat. Man schickte sich in diesen Beschluss und hoffte auf Neuerungen, wenn 1926 die Neupacht vergeben wird. Den Mitgliedern wurde nochmals in Erinnerung gerufen, dass «Lachse und Salme gegen Entschädigung dem Pächter E. Christen abzuliefern sind, ansonsten sich der Betreffende damit abfinden muss, dass er sich nicht mehr für eine Fischerkarte zu melden braucht»!

Dass es im Verein auch gute Jäger gab, wussten nicht alle. So hat «unser Freund Ernst» an der Rheinhalde in der Nähe seines Fischergalgens auf einem Baum

einen Fasan erblickt. Ein Schuss und … der Vogel fällt nicht, doch fiel eine abgeschossene Halsfeder zu Boden. «Ernst hat nachher alle Bahndämme und Matten vergeblich abgesucht. Ernst, ich gebe Dir den guten Rat, das nächste Mal musst Du nur schiessen, wenn der Vogel so gross ist, wie das Ross beim Bad. Bahnhof, welches Du einmal bestiegen hast …» gez. K. Haas (ehemaliger Präsident).

Können Sie sich, liebe Leserinnen und Leser, vorstellen wie das heute wäre, wenn ein Galgenfischer mit seiner Büchse einen Fasan vom Baum schiessen würde? Das Polizeidepartement würde ihn verhaften, der Stadtgärtnerei müsste er einen Baum ersetzen, die Vogelwarte Sempach müsste einen jungen Fasan in der Rheinregion wieder ansiedeln und der Tierschutz-Verein hätte heute auch noch ein Wort mitzureden!

1930 zählte der Verein – nach 10 Jahren – bereits 86 Mitglieder (1 Ehrenmitglied, 4 Freimitglieder, 57 Aktivmitglieder und 24 Passivmitglieder). Die Probleme, die sich in den Jahren 29/30 stellten, waren nicht viel anders als unsere heutigen. Man beschwerte sich gegen die Fischwasserverunreinigung, zeigte eine chemische Fabrik an und diese erhielt vom Polizeigericht am 21.9.1929 eine Strafe von Fr. 200.– aufgebrummt. Es ist im Vereinsbericht zu lesen, dass «dies eine Spende in die Staatskasse sei und der Vater Staat bei diesen Anlässen das beste Geschäft mache und wir Fischer das Nachsehen haben»!

Die Bedenken der Galgenfischer wurden noch grösser, als man unmittelbar vor dem Rheinstau bei Kembs, der im Mai 1931 ausgeführt wurde, das alte Stauwehr endgültig schloss.

Im Jahresbericht 1932 des Vereins wird darauf hingewiesen, dass die Fänge von Nasen, Barben, Forellen etc. zufriedenstellend waren, jedoch die Lachsfischerei vehement zu wünschen übrig lässt. Am 19. März 1932 begaben sich der Verein, sowie die Kollegen vom Fischerei-Verein Bann Riehen, über 100 Mitglieder vom Wurzegrabekämmerli, 200 Personen vom Staatsarbeiterverband und gegen 400 Basler und Baslerinnen nach Kembs, um das imposante Bauwerk zu besichtigen. Die Fischerseelen konnten aber nicht befriedigt werden, waren doch noch keine Fischtreppen und -lifte sichtbar. Man hoffte aber, dass diese beiden Anlagen «nicht zu sehr enttäuschen, wenn sie einmal in Funktion treten, denn sie sind ja eigentlich – betr. Kembs – noch der letzte Hoffnungsstrahl für uns Galgenfischer».

Man vermerkte im Jahr 1937, dass die Lachse für Basel nicht ganz verloren sind, stiegen sie doch mit den Schiffen in den Schleusen in das Oberwasser. Auch wurde der Verein, lt. Pachtvertrag, im Handelsregister eingetragen (Kantonsblatt Basel-Stadt, 1. Semester, Nr. 13, vom 12. Februar 1938).

Die Kriegsjahre zogen über das Land, die Verhandlungen mit den Französischen Behörden und dem Kraftwerk Kembs betreffend bessere Fischaufstiegsmöglichkeiten, links- und rechtsrheinisch (Ausbau des Sickerwasserkanals) kamen, wegen der heiklen, unsicheren Kriegslage, nicht zustande. 1941 fingen die 47 Basler Galgen noch ca. 600 Fische, 1942 ca. 800 wobei noch 1 Salm! Dieser Zustand hat sich ausgerechnet dann eingestellt, als die einheimischen Fische in Folge der zunehmenden Knappheit an Fleisch für die Landesversorgung von wichtiger Bedeutung waren. Vor dem Krieg wurden in der Schweiz rund 2 Mio. Kilo Fische gefangen(!). Im gleichen Zeitraum assen die Schweizer 8 Mio. kg Fische! Die eigene Fi-

scherei deckte also nur einen Viertel des Bedarfs. Drei Viertel mussten vom Ausland importiert werden.

Im Jahre 1943 war die Rheinschiffahrt wieder offen und es wurden wieder 2257 Fische, im Jahr 1944 gar 5568 Fische (darunter 3 Lachse) und 1945 total 3351 Fische (darunter 1 Salm mit 1,5 kg und 89 Lachse mit 453 kg) gefangen.

Interessant ist die Tatsache, dass seit 1916 eine Lachsfangstatistik über Basel geführt wurde, wofür sich die Basler Galgenfischer sehr stark gemacht haben. Von diesem Jahr an, bis zur abgeschlossenen Lachssaison 1931/32, also bis zur Vollendung des Stauwehrs Kembs, wurden in Basel 1032 männliche und 1016 weibliche (total 2048) Lachse mit einem Gewicht von 11 629 kg gefangen. Ab Winter 1932 war am Stauwehr der sog. Fischlift (schmaler Fischpass) bis September 1939 in Funktion. Diese Aufstiegsmöglichkeiten waren aber für den Lachs ungenügend, trotz der Schiffahrt, die nach Basel Jahr für Jahr zunahm. Bis zum Kriegsausbruch wurden im Winter 1932 bis September 1939 nur total 62 Lachse in Basel gefangen und in den Kriegsjahren bis Saison 1944/45 nur noch 40 Lachse, was von 1932 bis 1944 ganze 104 Stück mit einem Gewicht von 451 kg ergab!

Blenden wir nochmals in unser Vereinsgeschehen zurück, so können wir uns aufrichtig freuen, dass viele bewährte Mitglieder unseren Kantonalen Fischereiverein Basel-Stadt (am 27. Januar 1988 in Basler Galgenfischer 1920 umbenannt) durch all die vielen Jahren bestens vertreten haben, sich mit grossen Aufgaben, nicht nur für die traditionellen Basler Galgen, sondern auch für die Stadt Basel und deren Stadtbild eingesetzt haben.

Unter anderen werden folgende Daten bei uns in Erinnerung bleiben: 1940 führte unser Verein als erster Fischereiverein der Stadt Basel die obligatorische Fischfangstatistik ein; 1945 übergaben wir der Regierung von Basel-Stadt ein Album mit Fotos sämtlicher Fischergalgen für das Staatsarchiv; 1948 erfüllten sich Wünsche wie z.B. Gewässeraufsichtskommission, Ausbau der Fischzuchtanstalt, Strompolizei, Sömmerlingsbach, eigener Fischereiexperte etc.

Heute setzen sich die Basler Galgenfischer 1920 aus 6 Ehrenmitgliedern, 49 Aktiven, 19 Aktiv-Freimitgliedern, 1 Jugendaktiver (unter 20 Jahre), 35 Passiven, 9 Passiv-Freimitgliedern und einem Vorstand von 7 Personen zusammmen, also total 126 Mitglieder/innen (Stand 1.1.1994).

Auch höre ich, als Präsident, immer wieder die Worte «was wäre Basel ohne die heimischen Galgen am Rhein» und ich muss sagen, dass diese von unserem Stadtbild auch nicht mehr wegzudenken sind.

Die Galgenfischer sind keine «Fleischfischer», sondern hegen und pflegen den Rheinfisch wie in den vielen vergangenen Jahren. Jeder Fischer besitzt auch eine «Schonbewilligung», d.h., dass Fische, welche in der Schonzeit gefangen werden, dem Fischereiaufseher gemeldet werden müssen. Die Fische werden alsdann gestreift und wieder freigelassen. Die Pflege gilt aber nicht nur unseren Fischen. Viele Stunden Fronarbeit der Galgeninhaber selbst sind nötig, um dem Stadtbild auch die nötige Eleganz zu verleihen. Sammeln von Schwemmholz und Unrat, Äste schneiden, Rhyputzete allgemein (Fahrräder, Eisschränke, Metalle aller Arten aus dem Wasser zu fischen und zu entsorgen) und vieles mehr.

Wenn man der Basler Öffentlichkeit so ausgesetzt ist, wie unsere Fischergalgen an unserem Rhein, so ist klar, dass wir mit unserer Regierung Hand in Hand zusammenarbeiten müssen. Es ist aber auch weiter zu sagen, dass diese Vereinsführung ein problemloses Zusammenarbeiten mit den Behörden anstrebt und wir sachlich und gezielt etwelche Vorkommnisse unbürokratisch abwickeln dürfen und können. Nicht nur die Regierung hat grösstes Interesse an unserem schönen Stadtbild, sondern auch wir Galgenfischer. Bei dieser Gelegenheit möchte ich auch nicht verfehlen, unseren baslerischen Institutionen für die reibungslose Zusammenarbeit übers Jahr bestens zu danken.

Pitt Buchmüller
Präsident

Fischergalgen am Birskopf um 1900 (Archiv F. Hoffmann)

Das Fischkonzept im Restaurant Café Spitz
Grundlagen – Idee – Konzept – Realisation

Grundlagen

Als sich im September 1986 die Christoph Merian Stiftung unter der Führung des Präsidenten der Stiftungskommission Herrn Dr. W. Zeugin und des geschäftsführenden Direktors Herrn Dr. A. Linn entschieden hatten, das Hotel Merian und das Restaurant Café Spitz im Baurecht von den 3 Ehrengesellschaften des Kleinbasels zu kaufen, ging es sehr rasch einmal darum, eine «Auslegeordnung» vorzubereiten, um den aktuellen Stand der Betriebsstruktur zu erkennen. Das Resultat war nicht gerade sehr gut, verfügte der Hotelbetrieb mit 49 Zimmern und 65 Betten über zuwenig verkaufbare Einheiten, um mit einer überdimensionierten Restauration, die im «Spitz» 180 Plätze, auf der Terrasse 200 und in den diversen Banketträumlichkeiten nochmals deren 200 Sitzmöglichkeiten anbot, im wirtschaftlichen Einklang zu stehen. Zudem empfahl der Hotelierverein damals, dass das ideale Verhältnis von Restauration und Beherbergung mit 40% im Restaurationsbereich ein Höchstmass erreichen sollte. Im Fall unseres Betriebes waren es rund 75%, so dass dieser Betriebsteil im Prinzip das Hotel noch mitfinanzieren musste. Dass dies infolge der hohen Kostenstruktur eines Restaurants kaum möglich war, lag auf der Hand. Zudem hielt die Infrastruktur der Küche, die nach 14 Jahren technisch schon sehr veraltet war, den seit 1980 steigenden Anforderungen kaum mehr stand.

So entschloss sich die CMS nach reiflicher Überlegung, die Renovation, die sich zunächst lediglich auf die Bereiche Hotelzimmer und Reception beschränkt hatte, doch weiterzuziehen und auch die Verpflegungsräume neu zu erstellen. Alle in der Arbeitsgruppe waren sich darüber einig, dass es kaum damit getan sein konnte, die Küche zu erneuern und dem Restaurant einfach ein neues «Kleid» anzuziehen, nur weil ihm das alte nicht mehr passte. Es war noch weniger damit getan, sich dem bisherigen Stil der «Garderobe» anzupassen oder – was sicherlich noch fataler gewesen wäre – nur Kosmetik zu machen. Ein neues Konzept musste in allen Belangen minuziös erarbeitet werden, es war schliesslich sogar eine konkrete Bedingung der CMS; Ein Umbau erfolge nur dann, wenn wir mit klaren zukunftsorientierten Zielsetzungen aufwarten können. Die Richtigkeit dieser Forderung zeigte sich, als wir unsere Wahl getroffen hatten.

Etwas störend erwies sich der Zeitraum, der sehr eng bemessen war, was aus den in kurzen Zügen dargestellten Daten hervorgeht:

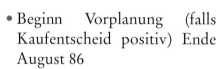

- Beginn Vorplanung (falls Kaufentscheid positiv) Ende August 86
- Kaufentscheid Ende September 1986 definitiv
- Planung für den Hotelteil bis Ende Oktober 86 beendet
- Restaurationsplanung inkl. Küche, Terrasse und Bankett bis Ende November 86 fertig
- Baueingabe und Ausschreibung bis Ende Januar 87
- Baubeginn Terrasse März 87, Hotelumbau ab Mai 87
- Restaurantumbau ab Ende Juni 87

- Eröffnung geplant Ende August 87 –
- Eröffnet 22. Sept. 87

Voraussetzung war zudem, dass der Betrieb stets offen blieb – ein sagenhaftes Erlebnis!!

Es stellten sich zunächst viele Fragen, die sich aus den Ergebnissen von Analysen, Diskussionen und Gästeumfragen ergaben.

Was kann man mit einem Betrieb unternehmen, der einen Namen trägt, der im gesamten deutschsprachigen Raum auch heute manchmal noch für Verwirrung bei den Gästen sorgt; einem Restaurant «Café Spitz», kein «Goldener Löwe» kein «Schwarzer Ochse»? Was ist zu unternehmen, dass die ursprüngliche Philosophie aus dem Jahre 1841 nicht umgestossen wird? (Das Haus sollte eine Stätte der Begegnung im Kleinbasel sein und damit auch ein Zentrum des Zunft- und Gesellschaftswesens bleiben.) Wie entwickelt sich die Gastronomie in den 90er Jahren? Da «nur» ein Restaurant für den Stadt- und Hotelgast im Angebot vorhanden ist – wie können die Essgewohnheiten auf einen Nenner gebracht werden? Was gab es in Basel nicht, oder nur in beschränktem Rahmen?

Selbstverständlich drehten sich auch einige Fragen darum, wie sich die Mitarbeiter umstellen können, insbesondere diejenigen, die schon zwischen 5 und 15 Jahren im Restaurant tätig waren.

Nun, die Antworten liessen trotzdem nicht lange auf sich warten. Den Namen zu ändern war ein aussichtsloses Unterfangen, wir mussten uns zum Ziel setzen, dass sich unser «Produkt» (was immer das werden sollte) auch mit dem «Café Spitz» verkaufen liess, kurz: Die Qualität musste ausschlaggebend sein. Wenn immer möglich mussten die Gäste darauf aufmerksam gemacht werden, dass die richtige Schreibweise: *Restaurant «Café Spitz»* lautet. Wir vertraten auch die Ansicht, dass ein kulinarisches Angebot kaum Einfluss auf die Philosophie eines Hauses hat, solange sich das Produkt in einem Rahmen bewegt, der viele Leute anspricht. In der Entwicklung der Gastronomie waren wir sicher, dass der Gast des ausgehenden 20. Jahrhunderts eine «normale» aber leichte Küche bevorzugen wird. Eine Antwort, die wir 1986 bereits ahnten, wurde uns 1989 in einer Fachzeitschrift bestätigt. Wir zitieren:

«Ob ein Restaurant sich inmitten der rund 27 000 Schweizer Verpflegungsbetriebe seinen Platz erobert – oder scheitert, kann vom alles umfassenden Konzept abhängen. In konkurrenzreichen Gebieten sind die Tage mit der ALLERWELTSBEIZ und mit dem ALLERWELTSANGEBOT in Zukunft allerdings gezählt.»

Nun ging es darum, was es in Basel alles gab oder was in neuen Restaurants vorgesehen war. Die Liste führte von 7 Luxusrestaurants hin zu einigen Vertretern mit typischem Baslerischem Kolorit, chinesische und italienische Restaurants fanden sich zuhauf, eine Reihe gutbürgerlicher Betriebe mit normalem Angebot fehlte ebensowenig wie die, sich im Zunehmen befindenden «Fastfooder» oder diverse Warenhausrestaurants. Ein israelisches Restaurant, in steigendem Mass türkische Verpflegungsstätten, und neuerdings ein arabisches Restaurant ergänzten die kulinarischen Möglichkeiten unserer Stadt. Selbstverständlich fand und findet der, dessen Sinn nach gepflegter badischer oder elsässer Küche steht, ein weites Betätigungsfeld, das auch durch gewisse exotische und asiatische Elemente in der ganzen Region bereichert wird.

Alles in allem ein wenig von dem, das uns in den Gross-

Für frische Fische gehen wir für Sie ins Wasser

städten unserer Welt tagtäglich geboten wird; ein Angebot an nationaler und internationaler kulinarischer Kreativität, das dem Gast die Möglichkeit bietet, monatelang täglich aus einer anderen Kultur zu speisen. Diese Vielfalt hat nicht zuletzt auch dafür gesorgt, dass die Menschen der nördlichen Halbkugel unserer Erde den Wunsch nach einem Essen in einem Restaurant nicht mehr so empfinden: nicht Essen – ich habe Hunger, sondern Essen – nach was habe ich heute Appetit.
(Solange wir alle mit diesem Wunsch auch ein wenig den Gedanken an die Menschen verbinden, die aus vielerlei Gründen nur das Hungergefühl kennen, solange werden wir auch den Respekt nicht vor dem verlieren, das uns die Mutter Erde tagtäglich anbietet.)

Die Idee
Die Zusammenarbeit mit unserem Berater P.H. Müller, dessen Wohnort sich am Bodensee befindet, brachte es mit sich, dass wir des öfteren den Weg ans «Schwäbische Meer» unter die Räder nehmen mussten. Wir verbanden diese Fahrt manchmal damit, um Ausschau nach Möglichkeiten zu halten, die ein Umsetzen der Grundlagen in die Stufe der Idee mit sich brachte. Aufgrund einer kulinarischen Aktion, die wir in einem früheren Betrieb realisiert hatten, war Stein am Rhein einer dieser Orte, die uns immer zu einem Halt «anmachten». Vom Hügel herab fährt man direkt auf die Rheinbrücke zu und unschwer ist das Hotel Restaurant «Rheinfels» zu erkennen, das linkerhand als stolzer Bau Wacht am Brückenkopf hält. Dem Betrieb vorgelagert ist eine schöne grosse Terrasse. Wer einen Tisch am Geländer ergattert, der kann im noch klaren Rhein Forellen in allen Grössen erkennen. Wir hatten bei einem dieser Stopps eben diesen Appetit nach Fisch, und zufällig war einer der Geländertische frei. Eine ältere, überaus freundliche Servicemitarbeiterin zeigte uns die Karte, empfahl uns aber im selben Augenblick die Lachsforelle für 2 Personen nach Art des Hauses. Sie wissen es, liebe Leser, wie schön es ist, wenn man etwas empfohlen bekommt, man klappt selig die Karte zu und lässt sich überraschen. Wir verbanden die Wartezeit mit etwas Augen- und Ohrenarbeit. Wir beobachteten die Mitarbeiterinnen im Service und lauschten, was sie den Gästen anboten. Es war die Lachsforelle für 2, sie war es für 3, oder zwei von ihnen für 4–5 Personen. Ein herrlicher Sommerabend im Freien und die appetitlichen, braungebratenen Lachsforellen kamen ohne Unterbruch aus der Küche. Übrigens, sie mundete vorzüglich und wo es etwas Vorzügliches gibt, geht man immer wieder mal hin. Selbstverständlich nahmen wir aber auch die prachtvollen Forellen im Rhein wahr, die im Gewässer unter uns ihre Bahnen zogen.
Mit unseren Augen beobachteten wir auch die Lage des Hauses und wir verglichen das «Café Spitz» mit dem «Rheinfels.» Was ihm rheinabwärts einer Brücke recht war, das sollte dem «Spitz» rheinaufwärts der Mittleren Brücke natürlich nicht nur billig, sondern ebenso recht sein. Wir sahen in einer Kehrtwendung von 180 Grad plötzlich unseren Betrieb vor uns, wir sahen die Terrasse am Rhein und wir sahen den Fisch vor uns.
Die Idee war damit bei uns geboren und ein Blick zurück nach Basel zeigte uns, dass es ausser der (leider nicht mehr existenten) Fischstube zum Pfauen und dem schon lange nicht mehr bestehenden «Nasen-Casino» keinen reinen Fischbetrieb in der Stadt mehr gab und wir waren überzeugt, dass ein

Der einzige Fischtisch in Basel.

zweites Fischrestaurant neben dem damals noch bestehenden «Pfauen» in Basel durchaus seinen Platz hätte. Wir fanden sogar, dass man uns die Fähigkeit zur Führung eines Betriebes nehmen müsste, wenn wir an dieser Lage direkt am Fluss und mit der Möglichkeit versehen ein neues Restaurantkonzept in die Realität umzusetzen, diese Chance nicht ergreifen würden.

Das Konzept
Unser Berater zeigte sich – als wir nach feinem Fischschmaus zu später Stunde bei ihm landeten – ebenfalls von der Idee überzeugt. Bereits am nächsten Tag ging es an die Umsetzung von der Idee in das Konzept. Es wurde beschlossen, dass wir uns, wenn schon am Rhein liegend, zunächst ausschliesslich auf Süsswasserfische beschränken, da wir mit diesem Angebot wirklich einzig in der Stadt sein würden. Das Konzept sollte seine Auswirkungen auch auf die Gestaltung der Küche haben. Es wurden 2 Fischbassins eingeplant, die Küche wurde mit speziellen Kühlschubladen (4) versehen, die das Tropfwasser des Eises sofort wegleiten, so dass die äusserst empfindlichen Fischfilets durch das Wasser keine Zersetzung erfahren und auch ganze Fische hygienisch einwandfrei gelagert werden können. Wir beschlossen, dass wir die Dekoration des Restaurants nicht nur mit ein paar Plastikfischchen und einigen Fischernetzen darstellen wollen, sondern dass sie unauffällig, und doch ein wenig wertvoll sein sollte. Im Frühjahr ging die Suche nach einem erstklassigen Fischhändler los, der uns die gewünschte Qualität und Quantität liefern konnte. Blättern Sie im Buch und lesen Sie, wie wir auf unseren Mann der ersten Stunde, Herrn R. Joss, gestossen sind. Es folgten die Wochen, in denen es darum ging, das Angebot festzulegen und wie häufig wir die Karte wechseln wollten. Erste Priorität war, dass unser Fischangebot täglich frisch sein musste, der Gast musste davon überzeugt werden, dass wir ein Fischgericht lieber von der Karte streichen, als Fische zu lange aufzubewahren und sie «à tout prix» zu verkaufen. Wir hatten aber auch Rückschläge zu verzeichnen, denn kurz vor diesen Terminen wurde unser Küchenchef für längere Zeit krank und wir mussten uns mit einer Aushilfe auf die nicht einfachen Arbeiten der Angebotsgestaltung und der Produktion einstellen. Wir hatten uns aber auch ein Ziel gesetzt und das hiess: Wir wollen mit unserem Fischrestaurant «Café Spitz» in die Tafelgesellschaft zum Goldenen Fisch aufgenommen werden. Dass das nicht so einfach war, wie wir uns das vorgestellt hatten, geht daraus hervor, dass zwischen unserer Zielvorstellung und der Übergabe der Tafel 2½ (!) Jahre vergingen. Die Aktionspolitik wurde festgelegt, wir waren uns bewusst, dass Argentinische Rindfleischwochen oder Neuseeländische Lammspezialitäten keinen Platz mehr in unserer Karte finden würden. Neu würden es Aktionen um einzelne Fische sein, es müssten sich Fischrestaurants vorstellen oder – wie das Bild zu Beginn des Artikels zeigt – die Fischereiaufseher müssten ihre Lieblingsfischgerichte präsentieren können (übrigens, diese Aktion war ein grosser Erfolg). Aber auch eine intensive Zusammenarbeit mit dem möglichen Partner in Basel und vielleicht mit dem «Goldenen Fisch» wurde von uns ins Auge gefasst, um zu dokumentieren, dass sich zwei Betriebe durchaus den Markt teilen können und dass keine Missgunst herrscht.
Werbeideen wurden in kreativen Minuten oder Stunden, die der Umbaustress noch zuliess, geboren. Die Liste auf Seite 202

zeigt ein paar dieser Gedanken auf, die zum Teil auch heute noch realisiert werden müssen.

Die Realisation

Es kann einfach nie so funktionieren, wie man sich das geplant oder sich gewünscht hat! Der Tag der Eröffnung rückte in die Ferne, anstatt zu Beginn der Geschäftssaison gegen Ende August hiess es nun, dass die Eröffnung ca. am 22. September 1987 stattfinde, gerade um die Wildsaison herum. Die Konsequenz des einzuhaltenden Konzeptes machte sich bemerkbar. Sollen nun die Basler Gazetten mit Inseraten über «Wild auf Wild» oder «Wildspezialitäten im Spitz» gefüttert werden oder sollten wir uns antizyklisch verhalten und z.B. bekannt geben, «Spitzenfische im Spitz»? Wir blieben dabei: Das Restaurant «Café Spitz» würde vom 22. September 1987 an, ein Fischrestaurant «Café Spitz» sein ...

einige Gäste würden zwar die Wildkarte vermissen, ein Tagesmenüblatt würde dafür sorgen, dass es zumindest den Rehpfeffer und 1 oder 2 zusätzliche Gerichte gab. Ansonsten wurde generell nur die Fischkarte vorgelegt und Anfangserfolge und Interesse machten uns mutiger und selbstbewusster. Unterdessen konnte auch der Stammküchenchef Jacques Navarro wieder seine Tätigkeit aufnehmen und aus allerlei improvisierten Angebotsgestaltungen wurde zu einem festen Verkaufprogramm übergegangen und die Massnahmen begannen zu greifen. Für alle, die sich von nun ab mit Fisch befassten, kam noch etwas hinzu. Man musste sich mit den Eigenheiten von 18 Fischsorten auseinandersetzen, die in wechselnder Folge im Angebot des Restaurants erscheinen.

Doch wie so oft, nach dem Einstieg folgten auch die beinahe obligatorischen Flauten. Der

Fleischanteil im Angebot begann wieder zu steigen und im selben Masse begannen wir zu zweifeln. Ein gerüttelt Mass an Sturheit und Konsequenz wurde von uns allen verlangt, gepaart mit einem Durchhaltewillen und mit der Überzeugung, dass unser Weg richtig sei. Dazu kam, dass das frisch umgebaute «Spitz» wahrlich nicht nur Bewunderer hatte. Es war zu neu, etwas zu kühl, Dekorelemente fehlten rechts und links und auch in der Wahl der Vorhänge war der Wunsch der Gäste wohl ein anderer, als sich dies die Architekten vorgestellt hatten.

Die Idee mit einer grossen offenen Gaststube und einem Getränketeil in der Mitte fand auch nicht überall Begeisterung und so musste versucht werden, mit wenig Mitteln ein Optimum anzustreben.

Ein Weihnachtsbaum machte es möglich. Aus Platzgründen blieb nur ein Tisch in der Mitte für ihn übrig, die Tische ringsherum wurden gedeckt und auf einmal wurde es heimeliger. Im Januar folgte dann unser kleiner Star! «Archibald», wie wir unseren Karussell-Fisch nannten, den wir in Rosmarie Müller's, Basel's erstem Kuriositätenladen am Spalebärg entdeckten, zierte von nun an das «Milieu» und verzauberte viele der jüngsten Gäste. Um «Archibald» herum wurden dann viele andere Dekorationsgegenstände rund um den Fisch gesucht, gefunden und angeschafft. Wir feilten an der Qualität unserer Fischgerichte und wir verbesserten die Serviceutensilien.

Wir wagten uns an die erste Aktion mit unseren Fischereiaufsehern Walti Herrmann, Claude Wisson und Hansruedi Wäckerle. Sie verhalf uns zu einem kleinen Durchbruch, der – wir wollen es nicht verschweigen – sicherlich auch auf den Bekanntheitsgrad der 3 Herren zurückzuführen war. Im Sommer 89 folgte der Gastauftritt eines Betriebes aus der Tafelgesellschaft zum Goldenen Fisch. Das Rest. «La Grotte» aus Sierre stellte sich vor und mit ihm eine Reihe äusserst kreativer Fischgerichte aus dem Wallis.

Dann endlich – nach langem Warten meldete sich die Tafelgesellschaft zum Goldenen Fisch und der damalige Tafelherr Harry Mattenberger liess uns wissen, dass wir ab sofort, das hiess ab Jan. 1990, berechtigt seien, die Insignien der Gesellschaft und damit auch die wichtige Aussage: «Auszeichnung für eine erstklassige Fischküche» zu tragen. Im Mai desselben Jahres wurde die Tafel offiziell übergeben und dies in einem würdigen Rahmen von rund 100 Gästen, denen ein reichhaltiges Fischmenü serviert wurde (und es gab kaum Fleischwünsche), umrahmt von allerlei musikalischen Einlagen, die sich natürlich ebenfalls rund um den Fisch drehten, u.a. Fischlieder von Schubert, das Forellenquintett wurde vom Trio Piccolo Piano intoniert. So ganz langsam (aber sicher) zeichnete sich ab, dass der Weg zwar lang, steinig aber schliesslich doch richtig sein könnte. Es sprudelten immer wieder neue Ideen, wie man dem Fisch in der sogenannten «Corporate Identity», dem betrieblichen Erscheinungsbild noch besser auf die Sprünge helfen könnte. Die Servicemitarbeiterinnen trugen die von einer Serviceleiterin handgefertigten Fischbroschen, für die Kellner entdeckten wir Fischkrawatten, die immer wieder ergänzt werden. Es ist dabei ganz erstaunlich in welcher Vielfalt sie auffindbar sind. Aber es lassen sich noch andere Ideen aufzeigen wie z.B. die: Anlässlich einer USA-Reise entdeckten wir im Peabody-Hotel in Memphis, was man aus Enten eigentlich alles machen kann. (das Hotel wurde bekannt für seine Entenshow, in der 6 Enten, die täglich morgens von einem Wärter mit dem Lift aus dem 13. Stock nach unten fahren, über einen roten Teppich unter den Klängen allermöglichen US-Märsche rund 25 m dahin watscheln und dann im Brunnen den Tag verbringend, dieselbe Show am Abend rückwärts durchspielten). Die dort servierten Butterentlein wurden von uns in Anggefischli (hochdeutsch Butterfischlein) umfunktioniert. Was aus «Angge» möglich ist, kann man auch aus Schoggi machen. So entstanden die ungefüllten, kleineren Fischli zum Café und die etwas grösseren und mit Giandujamasse gefüllten, für den à la carte Service. Und weil unser allseits bekannter Peter Klein vom Läckerlihuus ein sehr spontaner und kreativer Mensch ist, und weil er nicht zuletzt seit Juli 1994 auch noch im Spitz mit einer Filiale beheimatet ist, liegen bereits neue Fischli-Muster vor. Sie erraten es sicher nicht... in nicht allzu ferner Zeit wird es auch noch Läckerlifischli im Spitz geben. Die Liste und die Ideen sind noch beliebig auszudehnen.

Erfolgreich gestaltete sich ebenfalls der grosse Einsatz von J. Navarro an der IGEHO 89, an der er mit einem veritablen Fischbrunnen, bestehend aus 3 Etagen und mit einem Durchmesser von ca. 1,5 m, eine Ehrenauszeichnung für sich in Anspruch nehmen konnte.

Geschenkfisch aus Pappmaché. Ende des letzten Jahrhunderts (1880) wurden in diesem Fisch kostbare Geschenke überreicht. Besonders an Weihnachten war dies der Fall, denn dem Fisch kommt ja schon aus der Zeit der Christenverfolgung eine hohe Bedeutung zu. Gab man sich untereinander mit der Zeichnung eines Fisches doch das Zeichen, Christ zu sein. Im griechischen heisst Fisch Ichtys. Die Buchstaben bedeuten übersetzt: Jesus Christus Gottes Sohn Retter.

Wenn die Rückseite des Geschenkfisches zumeist viel weniger künstlerisch ausfiel – das Innere verbarg wohl häufig kostbare Überraschungen.

Furore auch beim Karfreitagskochen mit Radio Basilisk, bei dem Hans Ruedi Ledermann mit dem Mikrofon unserem Jacques Navarro während eines Morgens in die Fischkochtöpfe blicken konnte, Christian Heeb gab diese Informationen an die Hörer weiter und damit entstand in vielen (gemessen an der Verteilung von nahezu 500 Rezeptbroschüren) Basler Privatküchen ein lustiges Fischkochen mit einem dreigängigen Fischmenü. Ein weiteres Highlight, das alljährlich an der MUBA inszeniert wird, ist die FISCHLI-BAR in der Halle 101, die nach 4 Jahren bereits zu einer Institution geworden ist. Neben den vielen Informationen über die «Fischbaiz», die wir dort verteilen, sind die extra dafür kreierten Fischligipfeli ein beliebtes Beiwerk zum Café.

Wenn die liebe Zeit nicht wäre... Anlässlich einer MUBA boten wir den Besuchern und unseren Stammgästen einen Fischkochkurs an, der beinahe unsere Kapazitäten und auch Fähigkeiten zu sprengen drohte. Anstatt der im Stillen erhofften 25–30 Teilnehmer waren es plötzlich deren 65. Dank der Mithilfe unserer Fischlieferanten Joss und Fanta, sowie unserer Basler Fischereiaufsehern W. Herrmann und C. Wisson gelang es, einen Kurs aufzubauen, der den vielen Teilnehmern durchwegs positiv, lehrreich und interessant erschien, so dass eine Wiederholung oder Erweiterung im Raum steht. (Thema Zeit). Diese Liste liesse sich mit vielen weiteren Engagements und Ideen beliebig fortsetzen. Belassen wir es bei diesen grösseren Beispielen.

Dieses Buch ist im Prinzip ebenfalls aus einer Zufälligkeit entstanden. Im Rahmen der Gestaltung einer neuen Herbstkarte vor vier oder fünf Jahren suchten wir ein neues Rezept, wo wir – weil ich sie leidenschaftlich gern esse – Linsen verwenden konnten. Nach langem Überlegen und Abwägen, ob das nun doch nicht zu kurios für den Gast sei, entschieden wir uns für Lachs mit Linsen. Es war vom Oktober bis März der «Renner». Plötzlich erschien ein Inserat eines zürcherischen Betriebes am Marktplatz: «Unser neuer Winterhit: Lachs mit Linsen, von uns für Sie entdeckt.» Nach erstem Ärger fanden wir, dass es ja eigentlich schön sei, wenn die grossen «Zürcher» (Namenswerbung wäre nun wirklich zuviel des Guten), das kleine «Spitz» kopieren müssen und wir haben ihnen ihren Spass gegönnt. Aber es war ein Einstieg zur Idee mit diesem Buch. Heute kennt man uns zwar noch nicht überall, denn schreiende Werbung liegt uns nicht. Wir freuen uns über jeden neuen Gast, der unsere Fischküche geniesst und der neu zu uns kommt, sei es nun der amerikanische Botschafter in Bern, der mit seiner Familie den Weg zu uns ins Glaibasel fand, oder seien es kleinere und grössere Gruppen, die aus den Hotels der Stadt vom Fischangebot im «Spitz» gehört haben. Es würde uns freuen, alle als Botschafter der leichten und gesunden Fischküche gewonnen zu haben.

Schätzen würden wir es, wenn sich der Trend zum lebendfrischen Fisch verstärken würde, eine Vielfalt von herrlichen Fischgerichten liesse sich mit ganzen Fischen arrangieren, allein die Angst vor Gräten verhindert dies bedauerlicherweise – ein wenig. Dafür setzt sich der Wunsch nach mehr Fisch – sprich Meerfisch – bei uns immer stärker durch. Nachdem unsere Gäste darauf insistierten, auch diesen Fisch nun bei uns zu erhalten, haben wir im Frühjahr 94 mit 3 bis 4 zusätzlichen Meerfischgerichten einen Anfang gemacht, sie sind nicht mehr aus der Karte wegzudenken. Dazu gab es während der Drucklegung des Buches auch Gespräche über die Einfuhr von Neunaugen aus Lettland. Neunaugen sind sehr schmackhafte Fische. So sind unsere Lieferanten, unser Küchenchef und auch wir tagtäglich gefordert und auf der Suche nach Neuem, aber auch Bewährtem. Der Verbrauch von 9 Tonnen Fisch im Jahr spricht langsam für sich. Der Weg bis zu diesem Punkt war lang, es war stets interessant, ihn zu begehen, er war und ist manchmal ein wenig mühsam, aber er hat bisher eines bewiesen: Nur wer mit klaren Vorstellungen und Zielsetzungen, einem durchdachten Konzept und mit einer Konsequenz, mit Geduld und Beharrlichkeit bis ans Ziel sein Produkt anbietet, der wird dies auch erreichen, was nicht ausschliesst, dass man diese Ziele immer wieder erweitert und sich neue steckt. Die Fischküche ist wahrlich vielfältig.

Konzeptgestaltung in 3 Stufen

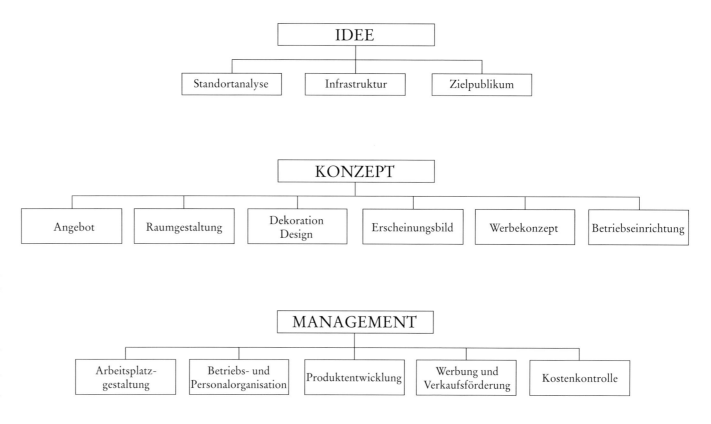

Lage, Ziele, Planung

Die Lage im Betrieb vor dem Umbau:

- Nach 14 Jahren (1986) vergammelt und verlebt, weil billig und praktisch ohne Konzept gebaut
- Schlechte Lage des à la carte Teils
- Küche komplett verplant, weil ohne dazu passendes Restaurant
- Zu gross, um fein sein zu können: im Sommer 350 Plätze
- Der Name: Restaurant «Café Spitz»
- Sehr traditionsverbunden mit Zünften und Cliquen
- Der Untergang des sogenannten «Wir-machen-alles-Betriebes» wird prognostiziert
- Der Gast sagt sich in unserer Gesellschaft nicht mehr: essen, weil Hungerbedürfnis er sitzt zu Hause und fragt: essen, aber was?
- Was bietet der Markt für Chancen?
- Basel verfügt über:

7 Luxusrestaurants
Etliche italienische Betriebe, mehrere spanische Küchen, einige chinesische, dazu viele echte Cafés.
-zig bürgerliche Restaurants
Japanische und andere exotische Häuser
Typische Basler Restaurants (Leuezorn, Schnabel etc.)

Ziele innerhalb unseres Konzeptes von Beginn an

- Wir wollen das führende Süsswasserfisch-Restaurant in Basel sein
- Wir wollen die Aufnahme in den «Goldenen Fisch» und dann ein aktives Mitglied sein
- Wir wollen stets fair und offen gegenüber dem traditionsreichen und eingesessenem GF-Restaurant, der «Fischerstube zum Pfauen» sein. Dies in der Bewerbungsphase wie auch nach einer allfälligen Aufnahme im Goldenen Fisch
- Stets ein frisches, attraktives und qualitatives Angebot führen, 2–3maliger Wechsel der Karte im Jahr, mit dem Angebot auffallen (ca. 20 verschiedene Fischarten bisher im Verkaufsangebot)
- Keine Aktionspolitik ausserhalb des Fisches
- Zusammenarbeit mit Fischereiinstitutionen anstreben

Phönix aus der Asche – der neue Besitzer

- Schwierige Verkaufsphase des Hotels von April bis September 86.
Weitermachen möglich nur dank Solidarität der Kleinbasler zu Betrieb und Personen
- Ab Sept. 86 Christoph Merian Stiftung Besitzer
- Intensive Planungs- und Konzeptphase

Phasen der Planung:

- Nicht der Gast ist schuld –, sondern: *was* will der Gast überhaupt???
- Was gibt es in Basel noch nicht – oder zu häufig?
- Gästebefragungen
- Zufällige Besuche im «Hotel Rheinfels» in Stein a.R. mit nahezu analoger Lage an einem Brückenkopf
- Persönlicher und überzeugter Entscheid:
Wir sind ein Fischrestaurant mit ausschliesslicher Süsswasserfischküche, die je nach Bedürfnis ausgedehnt werden kann.
- Neuer Besitzer ist einverstanden und damit Auftrag zur Küchenplanung für ein Fischrestaurant

Marktinformation

Basler Zeitung, 20. Juni 1986

Beizensterben – die Gäste sind nicht ganz unschuldig
- 17% mehr Betriebe als vor 25 Jahren
- Sterben der Quartierbeizen, Sterben der Tradition
- Brauereien trennen sich von Liegenschaften
  Teilweise Häuser von 50–100 Jahren Alter
- 500 Betriebe in Basel, davon:
  120 Kantinen
  150 Gelegenheitswirtschaften
  100 Schnellverpflegungsbetriebe/Warenhäuser
- Wechsel der Mieter oder Geranten
  Stadt Basel im Durchschnitt 25%
  Gesamt: Schweiz im Durchschnitt 20%
- Der Betriebsleiter hat kaum Chancen, auf die «Schnelle» reich zu werden.
- Das Szenario der 2. Säule; Stetige massive Kostensteigerung zu erwarten
- Wechsel in der Polarisierung der Gastronomie:
  Systemgastronomie – Spezialitäten-Restaurant
- Verändertes Konsumverhalten der Gäste: New Marketing: Die *Konfettigesellschaft*

Fischmarketing – der Fisch im Haus sichtbar

- Fischdekoration im Restaurant
- Fisch im Hotelsignet. Wir wollen erreichen, dass die Verbindung zum Fisch im ganzen Haus sichtbar ist
- Fischschoki zum Café ungefüllt
- Zum à la carte Essen gefüllt
- Für den Hotelgast als Welcome in Verpackung
- Zum Verkauf in der Geschenkpackung
- «Fischbutterform» für à la carte
- Fischgipfeli
- Fischlibar an der MUBA
- Fischvideos für Mitarbeiter
- Fischbibliothek
- Fischpostkarte
- Fische wo immer passend eindrucken
- Fischwerbebrief
- Fischkrawatten für den Service (männlich)
- Fischbrosche für den Service (weiblich)
- Fischkarte für Hotelgäste als Memory und Hinweis
- Vierfarbige Fischmenükarte
- Zum Apéro Kamblyfischli und gebackene Fischli
- Fischweine mit Etikette
- Fischfahne vor dem Hotel
- Das Signet vom «Goldenen Fisch» – wo immer möglich eingedruckt
- Von Fall zu Fall: Fischdias im Kino als Werbung
- *Neue Idee:* Fischtelefon bei der PTT
- *Neue Idee:* Graue Parkingwände von offiziellen Grafitimalern mit Fischhinweisen bunt gestalten

Das Karfreitags Fischkochen

Seit einigen Jahren findet auf dem Basler Fischmarkt eine Aktion statt, die diesem Platz wieder etwas von dem zurückgibt, für das er eigentlich gedacht war.

Pünktlich am Gründonnerstag morgens, wenn die Nacht träge und langsam dem Tageslicht weicht und eine kalte und frische Luft noch nicht gerade zum Aufstehen animiert, dann wird in diesen Morgenstunden vor dem Medienhaus schon intensiv gearbeitet. Ein kleiner Fischmarkt wird aufgebaut, so wie das früher täglich gang und gäbe war. Die «Marktleute» (in persona niemand geringerer als Josy und Kurt Nussbaumer vom Rest. Vordere Klus in Aesch) stellen 2–3 grosse Stände auf. Lieferwagen bringen weisse Styroporkisten, die mit Fischen aus Fluss, See und Meer voll beladen sind. Zügig und professionell wird Hand in Hand gearbeitet, um sich dann gegen 07.30 mit einem prächtigen Fischstand zu präsentieren. Kaum ist man fertig, strömen aus den noch immer verschlafenen Gassen der Altstadt schemenhaft die ersten Kunden und dann ist es an den Verkäuferinnen, mit fleissigen Händen abzuwiegen, einzupacken und mit einem freundlichen Lächeln im Gesicht, die gewünschten Fische über den Markttisch erwartungsvollen Kunden darzubieten. Nicht selten wird dieser Vorgang von kleinen Gesprächen begleitet, die vom fachlichen Charakter bis zum privaten Geplauder alles beinhalten, was das Leben auf einem Markt ausmacht.

Vor dem Medienhaus – das Medium Radio hat viel zu diesem Schritt zurück in alte Zeiten beigetragen –, ist es doch das Radio Basilisk gewesen, das mit «Nussbaumers» und ehemals auch mit Gusti Beerli diesen kleinen Fischmarkt ins Leben gerufen hatte. 1992 war auch das «Café Spitz» mit einer Filia-

DAS KARFREITAGSMENÜ

Saibling und Kartoffelflan
an einer Avocados-Vinaigrette

* * * * *

Zopf von Lachs und Zander
mit frischem Spargel
und Kressesauce
Wildreis gemischt

* * * * *

Charlotte von Erdbeeren mit Melonen

Basel, 09. April 1993

le in Kleinbasel (auf der Terrasse) beteiligt, doch das Wetter liess diesem Versuch nicht den ganz grossen Erfolg gedeihen. Dunkle graue Regenwolken und eine eiskalte Bise lud die Fischfreunde nicht gerade dazu ein, den Weg «über den Bach» unter die Füsse zu nehmen.

Ein Jahr später hingegen folgte das Karfreitags-Fischkochen, ebenfalls von Radio Basilisk organisiert. Voraussetzung für eine erfolgreiche Beteiligung war die Erstellung einiger Unterlagen, die von der Materialliste der Küchenwerkzeuge, über die Einkaufsliste bis hin zum Rezept und der Rezeptbeschreibung alles beinhalten musste, um den Hörern ein optimales Betätigungsfeld anzubieten.

Schliesslich waren es über 500 Dokumentationen, die im Medienhaus, im «Café Spitz» und am Gründonnerstag auf dem Fischmarkt interessierte Abnehmer fanden. Für die Exponenten des Karfreitags eine gute Basis: Hansruedi Ledermann und Küchenchef Jacques Navarro konnten sich auf eine rege Beteiligung einstellen.

Karfreitag vor Ort: Kulinarische Raffinessen, gemixt mit Informationen, untermalt mit Musik und «gestört» durch knifflige Fragen und Sprüche von Christian Heeb ergaben gegen die Mittagszeit das Menü, das letzterer durch den Basler Äther schickte. Wie das Bild zeigt, machte Hansruedi Ledermann mit seinem Mikro selbst vor dem Herd nicht halt.

Wir gehen einkaufen

320 g Saiblingfilet ohne Haut	0,5 dl Weisswein trocken	1 Spargelschäler	2 Holzkellen
320 g Lachsfilet ohne Haut	Evtl. derselbe Wein, den Sie zum Menü trinken	1 Fischmesser	Gummispachtel
320 g Zanderfilet ohne Haut	0,5 dl Balsamico-Essig	2 Schwingbesen	kleine Saucenkelle
0,25 l Fischfond, in Warenhäusern erhältlich	1 dl Erdnussöl	1 Schneidebrett	einige Löffel (wichtig zum Abschmecken)
	2 Blatt Gelatine	1 Haarsieb für die Sauce	1 Spachtel oder Bratschaufel
100 g Schalotten	10 g Mehl	Mixer oder Stabmixer	1 Rolle Küchenkrepp oder Pergamentpapier
500 g Spargel ungeschält	70 g Zucker	1 weiteres Sieb für den Staubzucker	Küchenschürze, Handtücher ...
2 Zitronen	Staubzucker (es benötigt nur wenig)	1 feuerfestes Geschirr min. 5 cm hoch	
1 Avocado reif	160 g Reis roh	4 feuerfeste Förmchen für den Fisch	... sowie gute Laune, ein wenig Geduld, einen guten Radio, am besten mit Stereo (1 Lautsprecher für Hansruedi Ledermann und 1 für Jacques Navarro). Zum ganzen Karfreitagskochen wünschen wir Ihnen:
150 g Kresse – schön grün	50 g Wildreis (ist auch gemischt erhältlich)	4 Förmchen für das Dessert	
15 g Kräuter gemischt (Kerbel, Peterli, Schnittlauch)	50 g Salz	1 Kochtopf zum Kochen des Spargels (evtl. auch Dampfkochtopf)	
1 Bd. Pfefferminz	30 g Pfeffer	2 kleine Töpfe zum Kochen der Sauce	
1 Schale Erdbeeren	100 g Butter	1 kleiner Topf für den Reis	Viel Vergnügen und gutes Gelingen
1 kl. Melone	45 cl Rahm	1 Schüssel für die Salatsauce	
400 g Kartoffeln (mittelgross)	2 Eier		
	1 Becher Joghurt nature		

Saibling und Kartoffelflan

Zutaten:
320 g Saiblingfilets ohne Haut
320 g geschwellte Kartoffeln
2 dl Rahm flüssig
2 Eier
Saft von 1 Zitrone
Salz, Pfeffer
20 g Butter

Zubereitung:
- Die geschwellten Kartoffeln schälen und in Scheiben (ca. 2 mm) schneiden.
- Die Saiblingfilets in Stücke schneiden, die dem Durchmesser der feuerfesten Form angepasst sind.
- Die Filetstücke mit Zitronensaft beträufeln, würzen.
- Die Formen ausbuttern und mit Kartoffeln und Fisch abwechselnd belegen.
- Die Eier aufschlagen und mit der gesamten Rahmmenge vermischen und mit Salz und Pfeffer würzen.
- Diese Flüssigkeit auf die Formen verteilen.
- Eine feuerfeste Backform (mind. 5 cm hoch) mit 2 Blättern Haushaltspapier auslegen.
- Die Formen darauf stellen und etwa bis zur Hälfte der Backform mit Wasser auffüllen.
- Auf der Herdplatte kurz aufkochen und im vorgewärmten Backofen bei max. 180° ca. 15–20 Min. garen.

Achtung bitte: Das Wasser zum Garen sollte unter dem Siedepunkt bleiben (ca. 90°). Dies verhindert, dass sich in der Eier/Rahmmasse Luftblasen bilden.

Avocados-Vinaigrette

Zutaten:
1 Avocado, reif
25 g Schalotten geschält
5 cl Balsamico-Essig
10 cl Erdnussöl*)
Salz und Pfeffer
1 Kl Senf
Kerbel, Peterli und Schnittlauch

*) Es steht Ihnen frei, irgendeines der vielfältigen anderen Öle zu verwenden, die heute angeboten werden.

Zubereitung:
- Avocado vorsichtig schälen, halbieren und den Stein entfernen.
- Eine Hälfte der Länge nach in feine Scheiben schneiden, die Sie für die Garnitur reservieren.

Die andere Hälfte in kleine Würfel schneiden, mit Essig beträufeln.
- Den Senf in eine kleine Schüssel geben, mit dem restlichen Essig gut verrühren. Mit Salz und Pfeffer würzen.
- Die fein gehackten Schalotten hinzugeben. Dann alles mit dem Öl kurz verrühren und abschmecken.

Sie können einen Teil der Kräuter fein hacken und unter die Sauce mischen, den anderen Teil verwenden Sie zum Dekorieren.

Zopf von Lachs und Zander

Zutaten:
320 g Lachsfilet ohne Haut
320 g Zanderfilet ohne Haut
75 g Butter
Saft von 1 Zitrone
Salz und Pfeffer
30 g Schalotten, gehackt
10 g Weissmehl
2,5 dl Fischfond*)
0,5 dl Weisswein, trocken
150 g Kresse gehackt
300 g Spargel gekocht
50 g Rahm (falls gewünscht)
160 g Langkornreis (Patna), roh
50 g Wildreis, roh
(lange Kochzeit)

Zubereitung:
- Die Fischfilets der Länge nach in schmale Streifen schneiden (ca. 0,5 cm breit).
- Für die Damen des Haushaltes kein Problem: Formen Sie aus den Fischstreifen einen Zopf aus 3 Streifen. Einmal ist der Lachs das Mittelstück, einmal das Zanderfilet.
- Die Fischzöpfe nun mit Zitronensaft und Salz/Pfeffer marinieren.
- Eine mit Butter ausgestrichene feuerfeste Form mit den Schalotten belegen.
- Darauf den Fisch legen, mit dem Weisswein und einem Viertel des Fischfonds auffüllen.
- Den Fisch mit Haushalts- oder Pergamentpapier bedecken und im Ofen bei 180° pochieren (ca. 10 Min.).
- Den gegarten Fisch aus der Form nehmen, mit der Folie bedeckt lassen und zur Seite stellen.
- In der nun zur Verfügung stehenden Zeit in einer kleinen Kasserolle eine Mehlschwitze mit ca. 10 g Butter und 10 g Mehl herstellen und anschliessend kalt stellen.
- Den, durch das Garen des Fisches kräftig gewordenen Fischfond mit der restlichen Flüssigkeit vermischen und etwa ein Drittel einkochen.
- Den reduzierten Fond jetzt in die erkaltete Mehlschwitze passieren und rasch rühren.
- Mit der gehackten Kresse vermischen, etwas Zitronensaft aufkochen. Anschliessend mit einem Mixer, Stabmixer o.ä. verfeinern. Nochmals diese Sauce aufkochen, abschmekken nach Ihrem Wunsch. Allenfalls mit Rahm oder Butterflocken aufmontieren.

Erdbeeren Charlotte

Zutaten:
Diese Zutaten reichen für 8 kleine Formen
250 g Erdbeeren
20 St. Löffelbiscuits, Fertigprodukt 10 cm
20 cl Rahm flüssig
1 El Joghurt nature
70 g Zucker
1 El Staubzucker
2 Blatt Gelatine
1 dl Wasser
1 kleine Melone zum Garnieren
20 St. ca. Pfefferminzblätter zum Garnieren

Zubereitung:
- Zucker in Wasser lösen, aufkochen und dann erkalten lassen.
- Gelatine in kaltem Wasser einweichen.
- Erdbeeren waschen und entstielen.
- ⅔ davon mit 20 g Zucker und etwas Zitronensaft sowie dem Esslöffel Joghurt pürieren.
- Die Löffelbiscuits in Stücke schneiden, die der Grösse der Formen entsprechen.
- In der kalten Zuckerlösung kurz tränken und sie dann in die Formen geben (den Wänden entlang und am Boden).
- Den Rahm steif schlagen.
- Von den übrigen Erdbeeren pro Person 1 Stück als Garnitur aufbewahren, die restlichen in kleine Würfel schneiden und in das Erdbeerpüree geben. Gelatine ausdrücken und leicht erhitzen.
- Die leicht erhitzte Gelatine in die Erdbeermasse geben.
- Die Hälfte des geschlagenen Rahmes ebenfalls unter das Püree mischen, den Rest vorsichtig darunter ziehen.
- Die Masse in die Formen geben und im Kühlschrank fest werden lassen.

Der 1. Basler Läckerlifisch zur Erdbeeren Charlotte

Ausgezeichnete Fischrestaurants 1994

Rhône
Bouveret-Plage VS	Hôtel-Rest. Rive Bleue
Brig-Glis VS	Restaurant Glishorn
Brig VS	Restaurant Schlosskeller
Veyras VS	Rest. de la Noble Contrée

Léman
Pully VD	Restaurant Port de Pully

Neuenburger-, Bieler- und Murtensee (Seeland)
Auvernier NE	Restaurant du Poisson
Biel BE	Restaurant Gottstatterhaus
Ligerz BE	Hotel Kreuz
Lüscherz BE	Gasthof 3 Fische
Murten FR	Hotel Weisses Kreuz
Türscherz BE	Restaurant Tschantré
Twann BE	Hotel Bären
Twann BE	Hotel-Restaurant Fontana

Aare (Aargau, Bern, Solothurn)
Bern-Hinterkappelen BE	Hotel-Rest. Kappelenbrücke
Gurmels FR	Hotel zum Weissen Kreuz
Matzendorf SO	Hotel-Rôtisserie Sternen
Olten SO	Restaurant Zollhaus
Ursenbach BE	Landgasthof Hirsernbad

Thun-Brienz
Faulensee BE	See-Restaurant Hecht
Interlaken BE	Hotel Metropole
Iseltwald BE	Hotel-Restaurant Bellevue
Leissigen BE	Hotel-Restaurant Kreuz

Vierwaldstätter-, Sarner-, Lungern-, Sempacher- und Baldeggersee
Amsteg UR	Hotel Stern und Post
Bauen UR	Hotel Schiller
Beckenried NW	Sternen-Hotel
Flüelen UR	Hostellerie Sternen
Gisikon LU	Gasthaus Tell
Greppen LU	Hotel St. Wendelin
Kastanienbaum LU	Seehotel Kastanienbaum
Kehrsiten NW	Seehotel Baumgarten
Küssnacht SZ	Hotel-Restaurant Hecht
Luzern LU	Hotel des Balances
Luzern LU	Hotel Hermitage
Meggen LU	Hotel-Restaurant Balm
Meggen LU	Restaurant Lerche
Meggen LU	Hotel-Restaurant Sonnegg
Sachseln OW	Landgasthof Zollhaus
Stans NW	Hotel Engel
Zell LU	Restaurant Lindengarten

Zuger-, Ägeri-, Hallwiler- und Lauerzersee
Birrwil AG	Restaurant Schifflände
Bremgarten AG	Hotel-Rest. Reussbrücke
Buonas ZG	Spezialitäten-Rest. Wildenmann
Lauerz SZ	Hotel-Restaurant Rigiblick
Maschwanden ZH	Gasthaus Kreuz
Meisterschwanden AG	Seehotel Delphin
Oberägeri ZG	Hotel-Restaurant Eierhals
Oberwil ZG	Zunfthaus Kreuz
Unterägeri ZG	Restaurant Lindenhof
Walchwil ZG	Restaurant Grafstatt
Walchwil ZG	Restaurant Hörndli
Zetzwil AG	Gasthof Bären
Zug ZG	Spreiserestaurant Hecht
Zug ZG	City-Hotel Ochsen

Rhein
Basel BS	Hotel Merian/Café Spitz
Büsingen D bei Schaffhausen	Hotel Alte Rheinmühle
Diessenhofen TG	Gasthof Schupfen
Flaach ZH	Restaurant Zielhütte
Liestal BL	Restaurant Neuhaus
Nohl/Neuhausen SH	Restaurant Rheinhalde
Rheinau ZH	Restaurant Hirschen
Rüdlingen SH	Wirtschaft zur Stube
Rümikon AG	Landgasthof Hotel Engel
Stein am Rhein SH	Hotel-Restaurant Rheinfels

Zürichsee – Seez – Walensee
Bäch/Zürichsee SZ	Gasthof zur Faktorei
Bäch/Zürichsee SZ	Restaurant Seeli
Hurden SZ	Gasthaus zum Adler
Hurden SZ	Hotel-Restaurant Rössli
Obermeilen ZH	Restaurant Schiffli
Pfäffikon SZ	Hotel-Restaurant Schiff
Quinten SG	Restaurant Seehus
Stäfa ZH	Hotel-Restaurant Sonne
Uerikon-Stäfa ZH	Restaurant Seehof
Weesen SG	Fischerstube

Limmat und Glatt
Au/Zürichsee ZH	Landgasthof Halbinsel Au
Erlenbach ZH	Hotel-Rest. Erlibacherhof
Maur ZH	Restaurant Freischütz
Zürich ZH	Hotel-Rôtisserie zum Storchen
Zürich ZH	Restaurant Wolfbach

Bodan-Rheintal
Arbon TG	Hotel Rotes Kreuz
Buriet-Thal SG	Hotel-Landgasthof Schiff
Ermatingen TG	Hotel-Fischerstube Seetal
Gottlieben TG	Hotel Drachenburg und Waaghaus
Kreuzlingen TG	Restaurant Jakobshöhe
Mammern TG	Gasthof Schiff
Mannenbach TG	Seehotel Schiff
St. Gallen SG	Restaurant am Gallusplatz
Tägerwilen TG	Restaurant zum Steinbock
Weite SG	Sicher's Heuwiese Restaurant + Galerie

Graubünden
Flims-Waldhaus GR	Hotel National/Flimserstübli
Klosters-Aeuja GR	Restaurant Alte Post
Laax-Salums GR	Restaurant Straussennest
Pontresina GR	Restaurant Kochdörfer/ Hotel Albris
Sils-Maria GR	Hotel Waldhaus
Tarasp GR	Schloss-Hotel Rest. Chastè

Ticino
Gerra-Gamborogno TI	Ristorante Al Pescatore

Alex Sprecher
der humorvolle Koordinator zwischen Autoren, Grafiker und Drucker und dafür sorgte, dass alle das bekamen, was sie für ihre Arbeit brauchten.

Rainer Falck
weiss, wo noch die Regio-Fischgeschichten zu finden sind. Er berichtet über den Karpfen, einen beliebten Regio-Fisch.

Bodo Skrobucha
hat mit seinem Konzept und der Idee dem Team und den Lesern vieles über Fisch und Fischküche mitzuteilen, den Stein überhaupt ins Rollen gebracht.

Christian Lüdin
opferte all seine Freizeit, indem er das Buch gestaltete und harmonisch mit Bild und Typographie umging.

Robert Joss
wusste, dass er uns für dieses Werk die schönsten und frischesten Fische liefern wollte. Dank, dass er für all unsere Anliegen soviel Verständnis hatte.

Ursula Skrobucha
half mit kritischen und sachbezogenen Ratschlägen und Anregungen bei der Entstehung des Manuskriptes entscheidend mit.

Jacques Burkhardt
konnte auch unter schwierigen Bedingungen mit viel Ruhe und Besonnenheit schöne Foodfotografie auf den Film bannen.

Felix Hoffmann
Er hat als waschechter «Glaibasler» alte Fotos in seinen Archiven gefunden und dazu die vielen Dekorationsgegenstände gekonnt ins Bild gesetzt.

Jacques Navarro
der engagierte Küchenchef, der wusste, ohne schöne Teller, keine Fotos. Er hat es fertig gebracht, neben der normalen Arbeit seine Rezepte fotogerecht umzusetzen.

Edgar Muriset
der Cartoonist, der uns half, dem Thema Fisch den Schmunzeleffekt zu verleihen.

Hanns U. Christen (-sten)
alle wissen, mit Sten und seinen Weinempfehlungen und der Fischphilosophie kann ein Essen zum noch grösseren Genuss werden.

Walter Herrmann
ist mit der Fischerei in Basel fest verbunden und weiss manches, das sonst nur schwer in den Chroniken zu finden ist.

Geri Heim
beherrscht die Buchmacherkunst schon manches Jahr und hat mit der Offizin Morf gesorgt, dass bei der Produktion alles rund lief.

Dr. Peter Gurdan
der Kantonsveterinär zeigt die wichtige Stellung des Fisches in der Volksgesundheit.

Pitt Buchmüller
schreibt, wie ihm der Schnabel gewachsen ist und verrät uns seine Geheimnisse zur Galgenfischerei in Basel.

Quellennachweis und Copyright

Wir bedanken uns ganz herzlich bei den nachstehenden Personen und Institutionen, die uns freundlicherweise das Copyright ihrer Publikationen zur Verfügung gestellt haben:

Dem Inselverlag Frankfurt und der Rainer Maria Rilke Stiftung Sierre für den Abdruck des Textes:
Die Auslagen des Fischhändlers

Der Basellandschaftlichen Kantonalbank und der Werbeagentur Weber, Hodel, Schmid
für die Verwendung der Fischtafel der Süsswasserfische

Der Foto Hoffmann AG/Archivbild Felix Hoffmann
für das Bild: Flossfischerei am Birskopf 1910

jüsp/Jürg Spahr
für den Cartoon des Otti B.

Der Schweizerischen Fachkommission für das Gastgewerbe SFG und Herrn Heinz Berger für den Gebrauch der
S/W Skizzen und Erklärungen zur Verarbeitung der Fische aus dem Lehrgang: «Praktische Ausbildung im Kochberuf»

Historisches Museum Basel
Archivaufnahme des goldenen Salmenbechers der Fischerzunft